刺青絵師 毛利清二

刺青部屋から覗いた日本映画秘史

山本芳美 原田麻衣

青土社

口絵1　『博奕打ち 一匹竜』（小沢茂弘、1967年／東映）
中央：鶴田浩二

口絵２　『鬼龍院花子の生涯』（五社英雄、1982 年／東映、俳優座映画放送）
左：岩下志麻　右：仲代達矢

口絵３　『鬼龍院花子の生涯』より仲代達矢への刺青下絵「龍王太郎」

口絵４　『女郎蜘蛛』（牧口雄二、1996 年／東映ビデオ）より
大沢逸美への下絵「天女」。色の指定が書かれている（第一章 45 頁参照）。

目次

刺青絵師　毛利清二——刺青部屋から覗いた日本映画秘史

凡例

一、山本は通常は刺青という表記を避けて、伝統的なものをイレズミ、現代的なものをタトゥーと記している。本書では、毛利さんとその仕事を尊重して刺青《いれずみ》(1)と表記している。

一、現代文化人類学では、多様な声をできるだけ重層的に響かせようとする。したがって、毛利さんだけでなく、その周辺状況についてさまざまな証言を集めており、内容的に矛盾を示すこともある。

一、記述する際に、つまびらかにする必要がないと筆者側で判断した人名、ならびに希望した人々の名前は伏せるか仮名としている。

一、映画作品の表題は『　』で示し、原則として各章の初出時には（　）内に監督名、公開年を記した。

一、引用者（山本・原田）による注記は［　］で示した。

まえがき

山本芳美

本書は、二〇二三年三月より二〇二四年にかけて、東映株式会社（以下、東映）の京都撮影所にある東映太秦映画村・映画図書室（以下、映画図書室）の協力を得て、「刺青絵師《いれずみえし》」として長年活躍してきた毛利清二《もうりせいじ》さん（一九三〇年―）に、筆者と原田麻衣が四五時間以上にわたってインタビューした内容をもとに再構成したものである。

刺青絵師とは、「俳優に刺青を描く職人」の名称である。刺青を描く職人すべてを「刺青絵師」と称するのではなく、「肌絵師」や他の名義を名乗る人もいる。刺青絵師は、名映画監督として知られる「チャンじい」（チャンバラのじいさん）ことマキノ雅弘が名づけたという。毛利さんに「お前はだいぶ活躍しているのに、タイトルにぜんぜん出ていないいな。俺が命名してやろう。刺青絵師だ」と肩書をつけた。松竹映画『陽炎2』（橋本以蔵、一九九六年）のパンフレット中の「もっと背中に光を！」（構成・吉田薫）によれば、マキノ雅弘監督が『日本侠客伝　花と龍』

（一九六九年）を撮影していたときのエピソードだそうである。

インタビューを一度終了したあとも、毛利さんにはお会いする機会がたびたびあり、その都度お話を伺った。映画図書室に学芸員として勤務する共著者の原田は、インタビューが一度終了したのちも、週一回以上、資料の整理をするために、刺青の仕事を介した撮影所の状況やスターを中心とした俳優たちとの交遊について深く話を聞いてきた。『新・極道の妻《おんな》たち 覚悟しいや』（山下耕作、一九九三年）、『男たちの大和 YAMATO』（佐藤純彌、二〇〇五年）などのプロデューサーを務めた小柳憲子《のりこ》氏が毛利さんについて「この京都撮影所の宝のような存在」と初対面の際に紹介したように、毛利さんはすでに京都撮影所の「生き字引」的な存在であった。それは五〇年代から七〇年代にかけての京都撮影所を知る同世代の人々がほぼ物故しているためであった。

筆者が毛利さんに会ったきっかけは、二〇一三年一月末に映画図書室を利用したことである。当初は一九五〇年代初頭のＧＨＱの文化政策と映画における刺青表現の規制についての調査・研究を目的として東京から京都・太秦にある映画図書室に通っていたが、その文献調査のほぼ完了した頃に、映画図書室より紹介された毛利さんとお会いすることができた。ご高齢なため、すぐに当初予定していたテーマでの論文執筆よりも、インタビューを優先する判断をした。拙著『イレズミと日本人』（平凡社新書、二〇一六年）では、毛利清二さんら刺青絵師の仕事についてすでに触れていることもあり、京都撮影所で絵筆を振るっていた毛利さんに機会があればぜひお話を

図1　担当作を観ながら刺青をチェックする毛利さん（右）、山田永二さん（中央）、原田（2023年4月、撮影：山本芳美）

伺いたいと考えていた。インタビューは、願ってもない機会であった。

最近では、一般の人でも刺青の情報や画像を簡単に入手することができる。雑誌やSNSなどでも手軽に参照可能である。しかし、京都撮影所で毛利さんが刺青絵師として活躍した時代は、まだ週刊誌や月刊誌のグラビアページに時たま刺青の写真が掲載される程度であった。一九七〇年代は、第一次刺青ブームともいうべき時代であったが、伝統的な刺青の写真集・図録などの紙質や印刷は必ずしも良いとはいえず、数も少なかった。

七〇年代当時、図版や写真中心の書籍は、一九六六年に写真家の森田一朗が『刺青』を図譜新社から刊行したものが初期の例である。次いで、劇画家にして彫師、刺青絵師、俳優としてもマルチに活躍した凡天《ぼんてん》太郎（梵天太郎など別名義あり）が、大型本として『日本刺青図譜』（大門出版美術出版部）を一九七三年に刊行している。同年六月に小田急百貨店で「刺青《ほりもの》展　生きている浮世絵」が開催され、図録が刊行された。同年一九七三年に芳賀書店より『原色日本刺青大鑑』、そして一九七七年に同出版社より福田和彦編『原色浮世絵刺青版画』が出版されている。現在、これらの書籍は希少本として取引されているが、参考となる書籍や雑誌類は、九〇年代に入るまでほとんどなかったと言ってよい。

したがって、一九六〇年代から二〇〇〇年代にかけて、毎週のように映画が封切られ、時代劇を中心としたテレビドラマが放送されてきた時代に活躍した毛利さんの仕事は、彫師や客たちに非常に注目され、参考にされたはずである。

現在、複数名がフリーランスで活動を続けている刺青絵師だが、任侠映画の全盛期には各撮影所で複数の職人が仕事をしていたことが確認できている。後に「解説3」で紹介するように、一九五〇年代の映画全盛期には、日活や大映、松竹など各社にも、刺青を描く職人が複数いた。二〇〇〇年代まで刺青絵師として活躍していたのは、毛利さんだけではない。同じく東映の東京撮影所にも、俳優兼刺青絵師として活動した霞涼二氏がおり、河野弘《こうのひろし》（河野光揚《こうのこうよう》）が日活調布撮影所などで際立った仕事ぶりを見せていた。ほかにも数名が刺青を描く仕事に従事していた。そのなかで、毛利さんは、刺青絵師として活躍したばかりか、俳優として映画黄金期を知る生き証人でもある。

筆者は、毛利さんをはじめとする刺青絵師の人々が、人体に実際に刺青を彫る彫師とどの程度の交流や情報交換をしていたのかについて以前より興味があり、刺青絵師についての記録を探したことがあった。しかし、全盛期のインタビューがいくつか残されていたものの、下絵や構図、技法はどのようなものであったのかが不明であった。筆者にとっては日本人の刺青イメージを形成した映像が映画づくりの現場でどのように作り上げられてきたのかについて何より興味があった。そこでどのように現実の刺青が映画などの映像の世界に影響を与え、反対に映像世界の表現がいかに現実で彫られる刺青の図柄選択や図柄の表現に影響を与えたのかを、インタビューによって具体的に明かせないかと考えたのである。

特に関心がない人たちにも、映画やテレビ番組は刺青の存在を伝えており、何らかの印象を形成したはずである。「解説3」で後述するように、現実的には建設業などの職人層が刺青を愛好していたが、東映をはじめとする任侠映画、実録路線の映画は、「やくざ」が彫師の主要顧客層であるとの大きな誤解を生じさせたことはあらかじめ強調しておきたい。

毛利さんについて

毛利さんは、日本映画が全盛であった一九五五年に二六歳で京都撮影所に俳優として入所した。任侠映画の製作が最高潮に達する一九六四年頃からは、「大部屋俳優」をしながら俳優に刺青を描く刺青絵師となり、二足のわらじを履いた。専門職として、京都撮影所にある俳優会館に自身の仕事部屋、通称「刺青部屋」を有していた。七〇年代の業界不振期には、俳優、刺青絵師、東映太秦映画村に勤務するサラリーマンの三役をこなした。定年退職後は刺青絵師にほぼ専念し、そして、全国の撮影所をまわって仕事をする生活を八〇歳になるまで続けた。この功績から、一九九二年には日本アカデミー賞協会特別賞を受賞している。二〇一〇年九月二四日に刺青部屋を退去したあとは、「仕立屋銀次を目指して」（本人談）、ミシンを購入して、ご自宅でバッグや浴衣などをつくる毎日をしばらく送っていた。ところが、二〇二〇年代に入ると、少しずつ自らと周辺の人々について語り始め、二〇二三年三月からは、筆者のインタビューのほか、別の方のインタビューにも応じるようになっている。筆者がお会いしたときには、脚本家などにも手本引きと言われる博奕の技法を指南するようになっていた。この時期には、撮影現場で用いた下絵を整理して加筆する目的で絵筆を再び執るようになっていた。

　映画図書室には所蔵するＤＶＤなどを観られる設備があり、インタビュー時には、毛利さんが刺青を手がけた映画・テレビドラマ作品を観ながら話を伺うことができた。インタビュー終了後、二〇二四年四月二六日で九四歳を迎えた。そして、二〇二四年五月から七月末までは、映画図書室の全面協力で開催した「毛利清二の世界　映画とテレビドラマを彩る刺青展」(1)のために絵の補修をし、さらに、小柳氏の紹介でマスコミ各社のインタビューにはつらつと応じるようになった。本書執筆完了時の二〇二四年一二月も非常にご健康で、四〇〇枚以上ある下絵の整理を続けている。

毛利さんへの過去のインタビューと本書の目的

毛利さん自身は、これまで自らの仕事について積極的に発言をしてこなかったわけではない。一九九八年には『刺青絵師――毛利清二自伝』(古川書房、以降『自伝』)を出版している。さらに、刺青を描く作業が特殊な仕事と見なされた故か、一九六〇年代以降には新聞と雑誌を中心に多数のインタビューに答えている。ただし、男性週刊誌全盛の時代であり、本人にサービス精神があったことも手伝って、「女優の柔肌に描く刺青」的な切り口の記事が目立つ。記事では、さまざまなスターとのつきあいについて語ってもいる。直近の代表的なインタビュー記事としては、二〇二二年に時代劇研究家の春日太一氏が責任編集を務めた『高倉健――みんなが愛した最後の映画スター』(河出書房新社)で、深い親交があった高倉健について語っている。

それらを踏まえつつ、本書では、刺青絵師であった毛利清二さんのお話を仕事と人生史を中心に再構成した。その上で、映像における刺青表現の分析、東映と京都撮影所の浮沈、刺青をめぐる日本の芸能・映像表現の変化、社会の変化に焦点をあてた三つの解説をつけている。

一九九八年の『自伝』は大阪のスポーツ新聞に掲載された記事をまとめたものである。毛利さんの視点からスターとの交遊と仕事の過程が述べられ、下絵の一部が紹介されている。ただし、『自伝』には毛利さんが書記長となっていた俳優組合、東映太秦映画村で担った仕事など欠落している部分が多い。こうしたこともあり、本書では、ライフヒストリーを中心にした第三章で、これまで語られなかった側面に注目してまとめている。ゆえに、本書は、春日太一氏が京都撮影所のさまざまな人々に取材して五〇年代から九〇年代をノンフィクションとしてまとめ、二〇一三年に刊行した『あかんやつら――東映京都撮影所血風録』（文藝春秋、二〇一六年に文庫化）を補完する、あるいは別の角度から光をあてる書籍となるだろう。

端的に言えば、一九九八年の『自伝』で述べられたのは、毛利さんが残したかった「自己像」であった。映画やテレビドラマのために描く刺青は、それ自体を完成させることが目的ではなく、撮影のためのものである。刺青を描く作業は、撮影本番を迎える俳優を疲れさせないことが優先される。作品としては、あと一歩手を入れたいところにとどまる悔しさを、毛利さんは過去のインタビューで何度か語っている。

ただしこれまでの取材記事全体を見渡せば、取材者たちは高倉健ほかスターとの関わりや、刺青を描く作業のエロチックさに注目し、仕事そのものについて聞いていない。この点について、筆者は記者たちが読者受けするエロチックな面のみを強調して、仕事の詳細を聞こうとしていなかったと早合点し、「仕事自体について話せなかった不幸な人だ」と思い込んでいた。しかし、やりとりを重ねるうちに、毛利さんご自身が刺青を描く仕事そのものを語ろうとしなかったことに気づくことになった。

本書では、毛利さんに丁寧にお話を伺うことによって刺青を描く仕事のほとんどの工程を記録に残すことができたと考える。ただし、作業にはさまざまな撮影所のノウハウが詰まっており、お仕事を構成する一部のピースは毛利さんの希望を尊重してあらかじめ抜いてあることを断っておく。

本書を出すにあたって、刺青を描く過程の一部の工程や工夫については「伏せてほしい」と毛利さんに頼まれた。記録性を重視して、説得を含んだやりとりを重ねたが、「伏せたい」動機は「映画の夢を壊さない」「衣裳部や撮影部など、他部門の専門家が取り仕切ることにいい加減な説明をしない」というところにあり、最終的には筆者たちが折れることとなった。しかし、伏せられた事柄は筆者にとっては些細なことであり、描くことや撮影技法にはかなり肉薄したと考えている。

なお、文中のやりとりでは、数ヵ所で「刺青を描いた」と述べている。ただし、毛利さんのお仕事の姿勢としては、「俳優さんの身体に刺青を描かせていただいた」である。会話としては幾分くどくなるため、このままの表現として進めている。

撮影所の職人たちの仕事

日本では職人の養成が現場での「見て盗め」よりも、「手取り足取り」の学校教育中心になってしまったせいか、「人に聞けばすぐに教えてくれる」という感性がまかり通るようになっているようだ。しかし、職人は自分の仕事を支える工夫については本質的に語ろうとしない。毛利さんも、工夫を重ねて仕事のコツをつかんだ職人の一人である。二〇二四年五月一日午後の企画展オープニングイベントに際し、筆者が進行係として毛利さんにお話を伺ったのだが、来場者から寄せられた絵についての質問について、はぐらかすように答えていた。毛利さんが原稿内容の最終段階での確認のやりとりで「刺青の色は、私の命です。墓場まで持っていきます」といみじくも述べたように、「飯のタネを、誰が人に簡単に教えるか」という職人側の論理がある。(2)筆者のこれまでの経験では、靴職人たちから話を聞いたときも、靴職人たちは自らの仕事の核心を述べようとしなかった。

このように、職人自身が語らない上、日本ではどの分野の職人仕事も記録が残りにくい傾向がある。さらに、映像制作の現場では、扱うものの大きさで記録したり保存したりしにくい仕事もある。時代劇セットなどで用いられる巨大な襖絵などは、撮影に使った三日後には壊されてしまう。東映の襖絵は日本画の大家がアルバイトで描いていた時代があったといい、地元の京都市立美術工芸学校（現在の京都市立芸術大学）などで日本画を学んだ人々が美術部に入って描いているものもある。それらの仕事も撮影所では格納場所がなく「作っては壊し」をするので、結局は残らない。俳優さんたちも「役は役である」と、通行人の役で出演した映画の台本を仕事を始めた当初は保管していても、そのうちに結婚や引っ越しとなって、かさばるため結局捨ててしまうことになる。

東映の歴史を紹介する「東映創立七〇周年特別寄稿『東映行進曲』」をnoteに連載する山口記《のり》弘《ひろ》氏（東映株式会社経営戦略部フェロー・立命館大学教授）によれば、「形のない職人仕事もある」そうであり、京都には映画関係の仕事をする邦楽コーディネーターを四代務める家もあるという。

こちらなどは、特に形に残りにくい仕事である。さらに、映画に関わる職人さんは名前を出すのを嫌がる傾向があり、消えることを良しとする感性がある。それが美学でもあるそうだ。

以上のように、撮影所には、スタッフが映像作品のために懸命につくったさまざまな様態の「現物」が残りづらい傾向がある。そうした状況のなか、毛利さんが俳優たちの刺青の下絵や写真、各種資料を自宅に保管し続けていたことが、インタビューの過程で明らかとなった。

もともと、毛利さんのインタビューに関しては、筆者（山本）が文字・音声・映像記録を残すことにしていた。三回目のインタビューで映画やテレビドラマに実際に使用された下絵の存在を確認してから、筆者と共著者の原田はそれぞれの専門領域の長所を生かす形で、記録や調査作業をおこなうようになった。筆者が毛利さんより人生史や刺青を描く作業や映像製作の現場における刺青絵師の権限に関するお話などを伺い、下絵の絵柄・モチーフについて解説を担当した。原田が、下絵のスキャン、ならびに使用作品とどの場面に毛利さんが描いた刺青が登場するのかについての同定をおこなった。インタビューが進むにつれて、毛利さんの下絵、その他資料が多数あることが判明したため、筆者のインタビューを原田が引き継ぐ形で、毛利さんの話を聞きながら各種の資料整理を実施した。毛利さんは、原田に信用を寄せて「お嬢先生」と呼ぶようになった。

絵の具と筆、パレットなどの道具は引退時に処分したそうだが、「あと一年ぐらいしたら、捨てていたかもしれん」下絵を中心とした企画展が二〇二四年五月から七月にかけて実施できたことに安堵している。展示では刺青下絵を中心とした紹介になったため、本書で毛利さんの人生を補完するのは意味があると思われる。つまり、本書は「毛利清二記録プロジェクト」による文字記録に、お話に基づく文化人類学的、映画学的な解説を付した研究の基礎となる資料集である。

ちなみに、企画展初日、毛利さんにインタビューに下絵を持参した動機を改めて伺ったところ、「実物を見せたほうがわかりやすいだろう」とのことであった。新聞、雑誌、テレビ、SNSなど、さまざまな媒体で企画展が取り上げられ、毛利さんと下絵、そして関わった映像作品のことが紹介された。

毛利さんは、筆者と原田のインタビューからこうした展開になるとは思いもよらなかったようだ。毛利さんはより生き生きとされ、整理作業をおこなっている映画図書室に週一、二回通っている。

筆者自身について

ここで筆者自身を紹介しておくと、筆者は沖縄をはじめとする日本の各地と台湾などのイレズミを調査・研究してきた文化人類学者である。文化人類学者としての主たる関心は、イレズミという行為を介して浮き彫りになる人々の関係や社会の諸相を明かすこと、そして対象とする社会のある側面を浮き彫りにすることにある。筆者は、一九九〇年よりイレズミに関する文献を読み始め、一九九二年頃から南西諸島の女性たちが手にほどこしていたハジチ（針突）について文化人類学的な調査をおこなった。だから、修士論文は沖縄研究である。さらに、一九九五年から台湾の各原住民族（先住民族）の歴史人類学的な調査を実施して、一九世紀半ばから七〇年以上継続した日本と台湾におけるイレズミの規制とその影響についての比較研究をもとにした学位論文を提出した。その後も、イレズミの歴史や文化について、何冊かの単著や共著を出している。『イレズミと日本人』という新書では、世界的なイレズミ・タトゥーの流行を背景に二〇一〇年代から日本社会でもさまざまな摩擦が生じるようになっていった状況を整理している。この新書では、日本人が抱くイレズミのイメージに、やくざ映画がかなり影響を与えていることを指摘し、イレズミ映画ガイド本にもなっている。

こうした経歴から分かるように、筆者は映画ファンではあるが、映画研究が専門というわけではない。毛利さんへのインタビューの機会を得て、日本の文化人類学界では、人類のさまざまな営みを映像で残す映像人類学という分野が確立しているものの、国内に撮影所が点在しながら、映像製作の現場をほとんど研究の対象としてこなかったことに気づくことになった。俳優、スタッフ、さらにその人々を支える社員も含めて、文化人類学者はお話を聞いてこなかったのである。一方、映画研究においても、監督や脚本家、スター俳優・有名俳優を軸にする傾向が強い。対照的に、スタッフとその仕事に焦点をあてた記録が圧倒的に少ない。このため、二〇二三年三月より毛利さんと映画図書室にてお会いし、お話を伺ううちに「映画制作を支える職人」という視点からであれば、記録できるように思えてきたのである。

東映京都撮影所での行動範囲について

誤解のないように断っておくと、筆者は京都撮影所に自由に出入りできる資格は得ていない。筆者がおこなってきた調査のなかでは、最も行動範囲が狭かった。二〇二三年五月までCOVID-19対策のために映画村がオープンしていなかった時期には、映画図書室利用の際にゲストパスを首から下げる必要があった。使用するトイレにも指定があり、利用者として出入りできる建物は映画図書室のみであった。筆者が京都撮影所のなかで、映画図書室以外に立ち入る機会があったのは、毛利さんと元助手で東映俳優部に所属する俳優の山田永二さんに俳優会館に案内されたときと、俳優の品川隆二氏のインタビューで撮影所の応接室に入ったときと、編集にご協力いただいた展示映像を確認するために編集室に入ったときだけである。ようやく撮影セットを見学できたのは、インタビューの終了後の二〇二四年一〇月に、小柳さんよりフランスから来たゲストとともに案内を受けたときとなる。撮影所のセットが設置されるステージや、撮影に必要なあらゆる文字を書くという美術部の部屋をご案内いただいた。撮影所では人気者のアイドルや有名俳優などが仕事し、多くの人々がこれから観ることになる映像が撮影されている。したがって、機密性が重視されるのであろう。国内にありながら、常に異郷にいるような緊張感を味わうのは特異な経験であった。

いくら日本映画と社会について新書を執筆したことがあるといっても、『イレズミと日本人』はいわば一観客の視点からの本である。趣味で映画関連本などを読んできたものの、インタビュー開始の段階では、東映の組織や映画・テレビドラマづくりの現場、そして京都と映画産業についての基礎的な知識は不十分な状態であった。

例えば、筆者の自宅から比較的近場に東映東京撮影所と東映アニメーションの社屋があるといっても、撮影所に隣接する映画館に足を運ぶ際にその前を通るだけであった。京都撮影所と東京撮影所はどのような関係にあるのか、あるいは関係がないのか、毛利さんの話を伺うまでまったくつかめなかった。また、筆者は千葉県の出身で関東地方を拠点に活動してきたこともあり、それ以外の地域の事情にうとく、映画村には二〇一九年にはじめて行った次第であった。映画史関連書籍には目を通していたものの、日本の映画産業は京都で興り、俳優、スタッフほかの人々が撮影所周辺に住んでいた歴史も意識してこなかった。

だが、原田との共同プロジェクトとなったことで、大きな味方を得た。原田は映画研究者であり、映画研究の立場から映画史的側面を描き出すことが専門である。フランスでフランソワ・トリュフォー監督に関する一次資料の研究をしたのち、現在は映画図書室に勤務していて映画資料の扱いにも詳しい。京都撮影所の各所にある程度出入りができる立場であり、一連のプロジェクトでは、その立場を活用した。毛利さんから伺ったお話について、別の角度から撮影所関係者をはじめとするさまざまな人々に聞くことで、事実確認や情報の補足をしてくれた。世代や視点、専門が異なる二人による共著となって、より充実した記述となったはずである。

ちなみに、映画図書室は名称通り、東映太秦映画村に属している。JR太秦駅から歩いて五分ほどのところに、撮影所側の入口に併設された「目立たないほうの」チケット売り場がある。映画図書室はその二階にある。来場者が楽しげに行きかう映画村に通じる階段の脇には、黒装束の忍者の像が立つ。その裏に設置された出入口があり、扉を開けると二階に上る階段がある。その映画図書室にて、毛利さんと待ち合わせてお話を伺っていった。なお、映画図書室は閉架式であり、公式サイトからの事前予約により一日一組限定で無料での利用ができる。予約時に資料を指定する必要がある。

本書の構成

本書は、筆者と原田がインタビューや談話をもとに分担執筆した草稿を、九四歳となった毛利さん自身が確認したのちまとめている。第一章では、まず毛利清二さんの刺青絵師としての仕事に焦点をあてる。第二章でスターとの交遊に触れ、「描かれる側」であった俳優の高橋英樹さんのインタビューをコラムとしてはさむ。そして、第三章では毛利さんがどのように刺青絵師の仕事にたどり着いたのか、ライフヒストリーを示す。そのうえで、毛利さんのお話を理解するための補助線として、映画のなかの刺青表現、東映と京都撮影所の歴史、刺青絵師と映像表現をめぐる日本社会の許容度の変化について、三つの解説を付している。そして、巻末には、略年譜と刺青絵師として関与した作品のリストを掲載した。

まえがき、第一章、第二章、高橋英樹さんへのインタビュー、解説2・3、略年譜を筆者が担当し、第二章、解説1、フィルモグラフィーを原田が執筆している。一般の方にも手に取ってほしいため、インタビューを中心とし、学術書のようには記していない。映画好き、特に邦画好きな人なら楽しめる書籍になったのではないかと自負する。

巻末のフィルモグラフィーについて触れておくと、毛利さんが関わった作品は、映画作品だけで二〇〇作品以上ある。毛利清二名義の出演作品は、東映も加盟している「一般社団法人日本映画製作者連盟」のサイトでは三四作品登録されている。また、「テレビドラマデータベース」では、二〇二四年五月三〇日現在で刺青担当と出演を合わせて三一〇件ヒットする。ただし、毛利清二名義で出演している作品は、筆者や原田が確認した限りでも、より多く存在している。あとがきで触れるように、「毛利清三」とクレジットされている場合もある。刺青絵師として関わった作品は、ノンクレジットがほとんどであるため、主に一九五六年から二〇〇三年までの東映製作作品を対象とし、映像資料やスチル写真などを確認しながら同定していった。

毛利さんの人生、そして手がけた作品数の膨大さは、京都撮影所と東映太秦映画村の歩みそのものである。思えば、東映太秦映画村が開村五〇周年を迎える二〇二五年に本書を上梓できたのも何かの縁というべきであろう。毛利さんが歩んだ人生は、同時代に東映京都撮影所にいた大部屋俳優、スタッフの人々の共通体験でもある。さらに、日本の就業者の七割がサラリーマンと言われるが、その人々の経験と重なる部分も大きい。

筆者自身は刺青絵師としてのお話以上に、毛利さんのライフヒストリーに非常に共感しながら伺っていった。会社など何らかの組織に所属する人のなかには、自分が好きな仕事・興味がある仕事と、業務命令的に課される仕事の間で葛藤を感じている人が多いのではないか。筆者にとっても、大学教員としての教育や「雑務」と呼ばれるその他のさまざまな業務と、自らの研究活動の折り合いをつけることは切実な命題である。

それでは、まずは刺青絵師としての毛利さんの仕事をみていこう。

第一章　刺青を描く、映画をつくる

――俳優に刺青《すみ》を描く《流す》方法

第一回のインタビュー点描

二〇二三年三月三日昼前に、筆者は映画図書室に向かっていた。守衛さんのいる受付を通り、階段をあがり、図書室に続く短い通路を歩く。なぜか、この通路の途中に「よっこいしょ」と少し背をかがめ、足を上げてまたがなければならない「X」型の筋交いがあるのだが、この筋交いがないと建物が倒れる可能性があるという。このユニークな通路の片側は、映画好きなら垂涎の東映映画を中心としたDVDがずらっと並んでいる。さらに進み、図書室に入ると、その壁には、日本映画の代表作の『宮本武蔵　巖流島の決斗』（内田吐夢、一九六五年）、『晩春』（小津安二郎、一九四九年）、『ゴジラ』（本多猪四郎、一九五四年）などのポスターが掲示されていた。図書室のなかは、さらなる「お宝の山」状態で、すぐ手に取れる範囲の書棚には、東映の社史やチャンバラ映画、映画俳優の特集本、女優・俳優の写真集などが整然と並ぶ。また、予約すれば、ビデオ・DVDも室内で観られる設備が整っている。プレスシートやスチール写真、台本などの二〇万点以上の映画資料の収蔵庫が別にあると伺っているが、ともかく、室内は資料に満ちている。筆者は、机をお借りしてインタビュー準備を進めながら、映画図書室で午後一時に到着する毛利清二さんを待っていた。

　映画図書室では、撮影所関係者へのインタビューの際に、時折場所を提供しているそうである。筆者は毛利さんのご自宅か自宅近くの喫茶店でお話を聞こうと思っていたのだが、図書室を使わせていただくことになった。

　午後一時きっかりに張りのある声で「おはようございます」と入ってきたのが毛利清二さんだった。元助手の東映俳優部・山田永二さんに女優のAさんも帯同されている。ハンチング帽を目深にかぶり、濃いサングラス、濃紺の上質なブレザーに純白のズボン姿で現れた(1)。

　そして、「この帽子とサングラスは、健さんからもらったもの。僕は高倉健派」と話し出した。一七〇センチほどの痩身。背中がすっきりと伸びていて、この年の四月二六日に九三歳になるのが信じられない。表情も生き生きして、実年齢からすれば一〇歳は年下に余裕で見える。耳にはイヤホンを装着し「好みの演歌を聴きながら来たよ」と言って、毛利さんは映画図書室のソファーにどっかりと座った。サングラスにマスク姿なので、最初は表情をまったく窺うことができなかった。

「山本芳美と申します。山梨県の都留文科大学の教員で、イレズミの研究をしてきました。本日は宜しくお願いします。実は資料を拝見して、毛利さんやイレズミの映画について『イレズミと日本人』という本で書いたことがあります。それで早速ですが、毛利さんの前に刺青絵師として、どなたが東映にはいたのですか?」とインタビューを開始した。毛利さんは、片岡千恵蔵の時代には専属の人がいたと言って、片岡千恵蔵の『御存じ　いれずみ判官』(佐々木康、一九六〇年)のポスターにある出演者の名前をAさんに読み上げさせた。主演の片岡千恵蔵から始まり、「尾上華丈《おのえかじょう》」まで来たところで「はい。その尾上さん。この人は千恵蔵専門で描いていました」とお話が始まった。そして、ご自身が持参した、さまざまな俳優さんに描いた際にその場で撮影した写真、彫師さんから送られてきたという本物の刺青の写真などを見せながら、話が進んでいった。

初回インタビューの内容は率直に言って、そのあとも何度か聞いた「毛利さんの定番のお話」であった。『自伝』に書かれていた、男性週刊誌やスポーツ新聞の読者なら喜んだだろう「とある女優さんが、パンティからはみだした陰毛をくしの柄で入れた」など、どちらかといえば下世話な話が飛び出した。健さんがらみのお話もあったが、時代劇研究家の春日太一氏による毛利さんへの長文インタビュー(『高倉健――みんなが愛した最後の映画スター』河出書房新社、二〇二二年、所収)とほぼ内容が重なっていた。

そして、ひとしきり定番の話が終わったと思われる頃、筆者が先に手紙としてお渡しした質問一覧に対して答え始めた。毛利さんはご自分で質問に番号を振っており、その質問をおもむろに眺めながら、

「一、［筆者からの質問：毛利様の刺青絵師としての最初のお仕事は何でしたか？］『博奕打ち 一匹竜』ですね。鶴田さん［鶴田浩二］に描かせてもらいました。この作品で刺青絵師として認められました」。

「はい、次、二、［筆者からの質問：仕事を覚えるため、どなたかに弟子入りされたのでしょうか？あるいは、撮影所内にどなたか先輩がいたのですか？］独立独歩、私には先生はいません」と次々に答えていく。

お話が途切れない毛利さんに、用意したペットボトルのお茶を時々勧めたのだが「夕方五時過ぎに水分を入れると、酒がまずくなる」と言って、まったく手を伸ばさない。元助手の山田さんたちは、毛利さんが飲まないのでお茶に手を伸ばさない。図書室の暖房が効いているので話し続けると、のどが渇いてしまう。「東映の俳優さんのたしなみは大したもの」と感心したが、筆者は我慢できずにこっそり持参したお茶を飲んでやりすごした。質問事項に一通り答え終えたときには、午後五時過ぎとなっていた。最初から思いがけないほどの長時間インタビューとなっていた。

文化人類学では、長時間インタビューは高齢者の健康を損ねかねないとして、全体で一時間か二時間ほどでインタビューを切り上げるようにとの戒めがある。筆者自身も、毛利さんのご年齢からして、インタビューは二時間が限度だと思っていた。もしも、インタビューがこのあと続くならば、これからもその二時間のために東京から京都に通う覚悟でいた。ところが、次回のインタビューについてご都合を伺う前に、毛利さんは「次にどんな話をしようかな」と軽くおっしゃった。インタビューに引き続き協力していただけるかどうかは、相手の意思次第だ。「次の機会もあるのだ」と思い、心に期した。「この次こそ、刺青を描く作業のお話を伺わなければ」と。

幸い二回目より、毛利さんは刺青を描いていた時代の話を明かすようになった。その後の計九回のインタビューでも平均四時間以上、お話しいただいた。水分を摂取する様子がないことが気になっていたが、試行錯誤した結果、毎日飲まれている甘酒なら毛利さんは受けつけることがわかった。もともと食が細い人なのだそうだ。お酒は九四歳の今でも晩酌で焼酎を一合飲むそうである。

インタビューが進むにつれ、下絵やその他の資料をご自宅に保管されていることが判明したので、持参していただいた下絵についてもお話を伺っていった。筆者も映画やテレビ作品のＤＶＤを持参して、気になった場面を観ていただくなどして当時を思い出してもらう工夫をおこなった。

刺青を描く

——毛利さんが刺青絵師になったきっかけはなんですか？

毛利：もともと、私は二六歳で役者の道に進み、「剣会《つるぎかい》」(2)に入っていた京都撮影所の大部屋俳優です。立ち廻りで認められると入会できて、毎日の素振りはかかさずやっていました。撮影の待ち時間になると、賭場の場面やラストの立ち廻りの撮影などで、花札やサイコロなど小さな図柄を眉墨のペンシルで大部屋俳優などに描いていたのです。名刺を使って型取りして花札など描いてました。いたずら描きですが、賭場のシーンでは、誰かに刺青があるとにぎやかになるのです。しばらくは、斬られ役をしながら描いていました。

私が東映に入った頃は、片岡千恵蔵さんの一座にいた尾上華丈さん(3)が眉墨を使って描いてました。白黒映画の時代は、刺青を眉墨で描いていたんですね。先にコールドクリームを皮膚に塗っておくと、ひゃーっと筆が走るのです。描いた絵は、顔用のパフで皮膚を押さえていました。そのあとは当時のスター、東千代之介《あずまちよのすけ》のマネージャーだった越川秀一さんが娘さんと仕事をしていました。尾上さんも越川さんもスター専門。越川さんは市川右太衛門さん、大川橋蔵さん、鶴田浩二さん、中村錦之助さんなどに描きました(4)。

――（『江戸っ子肌』（マキノ雅弘、一九六一年）のポスターを見ながら）越川さんも上手ですねぇ。

毛利：そりゃあ、スター専門だから。

それで、『博奕打ち　一匹竜』（小沢茂弘、一九六七年）(5)で何人もの役者に描くことになったとき、越川さんは京都撮影所近くの蚕ノ社《かいこやしろ》というところで釜飯屋さんをやっていて、仕入れがあるからその仕事は受けられないとしぶりました。ここで「鶴の一声」。鶴田さんが「毛利、お前やれ」

と言いました。越川さんとはやり方や手法もまったく違いますが、帰りのタクシーで越川さんと一緒になって、気まずかったこと。

しかし、私はそれまで本物の刺青を見たことがなく、どう描くのかもまったくわかりません。それで、プロデューサーの俊藤浩滋《しゅんどうこうじ》さんに「刺青を勉強させてほしい」と頼んで、一ヵ月、東京に行かせてもらいました。そして、東京・浅草の鳶職で彫師でもあった初代彫文［山田文三］さんを紹介してもらい、小道具の担当である清水悦夫さんと一緒に仕事場を見せてもらいました。彫文さんの仕事場は二階にあって、六畳の日本間に血の匂いがぷーんとしたことを覚えています。座布団が血だらけでね。その方がお客が多いと信用されたのだそうです(6)。ま、料理屋さんの厨房のような匂いといえばよいでしょうか。戦前は刺青が禁止されていましたから、警察に踏み込まれたときに屋根づたいに逃げたと聞きましたね。

彫文さんのところで初めて本物の刺青、下絵や刺青を彫るための道具を見せてもらいました。小道具さんも道具を見ないと、それらしいものを作れないのです。彫文さんの仕事場の見学を終えてから、寺町三条をはじめとして京都中の古書店をまわって刺青に使えそうな龍や牡丹などの絵を集めて、刺青の絵の勉強をしました。準備金がないから、質入れして金を作って、会社から前借りもして、数万円ぐらいかけて江戸時代の和綴じの本を購入しました。ですが、そのままでは刺青の絵にはならないので、アレンジするのが大変でした。

――写真は参考にはされないのですか？　例えば、明治時代に外国の人が日本人を撮影した写真とか、いろいろありますが。
毛利：ああいう写真は、参考にしない。映画的ではないから。誰が見ても「刺青」とわかるものでないと。赤でも白でも本当の色と違う。映画的には、もっと白味があって、という色を出すようにします。

刺青でいえば、彫文さんが背負っていた初代彫宇之《ほりうの》(7)さんの刺青が良かったです。初代彫宇之さんの作品の写真も見て、勉強しました。初代彫宇之さんの波の形には惚れましたねぇ。

――『一匹竜』は本当の刺青の入った人たち、江戸彫勇會の人たちが東京から呼ばれて多数出演した映画ですよね。たしか、指名手配犯も混じっていて、公開したあとで警察から電話がかかってきて逮捕されたとか。

毛利：そうでしたね。あの仕事は、前日入りした彫勇會の人たちをお昼に東京へ帰さねばならず、時間に制限がありました。主役の鶴田浩二さんが彫師役で、刺青の競技会があるとの設定でしたので、五〇名もの俳優さんに刺青を描かねばなりませんでした。俳優会館に三〇名ほどマグロのように寝転んでね。三日三晩、まあ、五四時間ですわ。朝九時から午後五時までは美大の学生の手も借りながら、僕はぶっつづけで俳優たちに描き続けました。

撮影では、本物の刺青のある人たちから、「見分けがつかない」と言われてうれしかったです。本物はめったに見られないから、刺青の写真を撮りまくりました。

打ち上げで美大の学生たちをねぎらうため、俊藤プロデューサーに五万円ねだりましたが、三万円に値切られて、結局自分で二万円足して、終わったときに四条河原町のおでん屋で飲めや歌えやして五万円で騒ぎました。

——銭湯の場面など、面白かったです。あの四人（鶴田浩二、待田京介、天津敏、小松方正）も一度に描くわけですよね。お風呂に入っても刺青は取れないのですか？

毛利：あの場面はね、役の軽い人から始めて、最後に仕上げたのが主役の鶴田さんでした。刺青は油性の特殊な絵の具で描いていますから、なにもしなければ三日間ぐらいは持ちます。手でこすったり、服ですれないかぎりはね。

最初に描いた俳優は、二日間も落とさずにいた状態となりましたが、幸いにも季節が春で、暑くもなく寒くもなくで、汗もかかず、刺青が落ちることもありませんでした。衣裳部に肌に触れても抵抗の少ないよく滑る生地を探してもらい、下着を作って着てもらう工夫をしました。

映画がカラーになる前の時代は、先に述べたように眉墨の濃淡で変化がつけられました。桜などは口紅の色を使ってましたけどね。もともと墨と紅だけで表してきたんだから、ほんまもんの刺青は。色はそれだけしか考えてきませんでした。白やピンクは使わない。黄緑などは最近出てきた色だから。

でも、カラーになるとそうはいきません。質感や色相など可能な限り本物に近づけなければなりません。そこがまた、刺青絵師としての楽しみでもありました。

石原裕次郎主演の『花と竜』（舛田利雄、一九六二年）が日活で公開された際、興行的に好調であったため、日活は翌年より一九六六年まで高橋英樹主演の「男の紋章」シリーズを製作する。

それまで東映の京都撮影所では時代劇を、東京撮影所は主に現代ものを製作してきた。東京撮影所では、京都撮影所所長から東京撮影所所長となった岡田茂が陣頭指揮をとり、日活に刺激されて製作した『人生劇場 飛車角』（沢島忠、一九六三年）が当たった。東京撮影所では当時ギャング映画を製作してきたものの不調であり、全面的に任侠映画路線を打ち出した。東映が任侠映画を量産していき、それに追従した他社でも任侠映画の製作が盛んになっていく。

原田麻衣の調査によると、少なくとも『博徒』（小沢茂弘、一九六四年）の頃から、毛利さんの絵師としての仕事が確認できる。東映京都撮影所を拠点にしていた毛利さんは、殺陣の専門集団である「剣会」のメンバーであり、一九六四年より始まる「日本侠客伝」シリーズには全作に出演している。東映東京撮影所で撮影された「昭和残侠伝」シリーズの仕事では、絵師と斬られ役を兼ねて、剣会の一〇人ほどとともに東京に呼ばれている。このシリーズでは第四作『昭和残侠伝 血染の唐獅子』（マキノ雅弘、一九六七年）以降が、毛利さんの絵師としての仕事となる。[8]

毛利さんは『博奕打ち 一匹竜』を手がけた三六歳で刺青絵師として独り立ちした。クレジットにも「刺青 毛利清二」、そのすぐあとに「指導 彫文 山田文三」「二代目彫満 関川弘喜」と彫師さんたちの名前が見える。『自伝』では、京都撮影所には実際に刺青がある者が数名おり、当時新京極にあった「桜湯」に行けばよいと言われた、「東映の者です」と名乗ると、客たちは快く写真を撮らせてくれ、近くで刺青を見せてくれたとのエピソードが紹介されている。

大阪芸術大学芸術学部映像学科の元教授で、おもちゃ映画ミュージアム館長の太田米男氏が語るところによると、ミュージアムが所蔵する玩具映画（戦前の無声映画の断片）には剣戟《けんげき》映画が多く、渡世人や侠客の剣戟シーンを見ると、身を護るために厚着をしていた。そのこともあって、戦前の無声映画では諸肌脱いで剣戟をする場面は、ほとんど出てこないと指摘している。

太田氏は、毛利さんが『博奕打ち 一匹竜』を特別に記憶しているのは、この映画の刺青を一手に手掛けたことで、大変に自信を持ち、今後も仕事ができる礎となったからではないかと指摘した。この映画のストーリーは、「イギリスのさる高貴な方」の彫師となるため、彫師とその客総勢五〇名が刺青を競うものである。師匠である彫安（河野秋武）が弟子の宇之吉（鶴田浩二）に彫った「一匹竜」が最も素晴らしい作品として選ばれるには、順位からみても説得力のある描き分けをしなければならない。さらに、同一の絵師が手掛けたと思わせないために、さまざまな筆致と図柄を駆使しなければならない。

「『一匹竜』の仕事で毛利さんがよく覚えているのは、刺青コンテストの話でしょう。一等賞から何等賞まですべて描き分けて、全部自分でやって、本当の刺青がある人たちからも褒められたわけでしょ。だからその後の仕事が全部できるわけですよ。どんなパターンでも描き分けられる」。

撮影助手としての現場経験がある太田氏は、七〇年代の映画の撮影では、賭場の場面に刺青が入っている「本職」[9]を呼んできて撮影したものだと話す。「キャメラと被写体との距離を測る仕事があるから、そばまで行って見るでしょう。本物の刺青って、肌が日焼けしていたりして赤黒くぼやけていて、そんなにきれいじゃないんです。だから、六〇年代に毛利さんが出てきてから、映像的にまた実際にも刺青がきれいになったと思います。毛利さん自身が役者でしょ。映画の照明や構図など、俳優としての見せ方と見映えのする演出を知っていたわけですよね」。

さらに、次のようにも指摘した。「東映のやくざ映画が一世を風靡した理由の一つとして、毛利さんのような絵師がいたことが大きいのではないですかね。一九六〇年代に製作された東映の仁侠映画は、刺青を見せることでブレイクした。高倉健が唐獅子牡丹を背負うまで、そんなにやくざの人たちが刺青を入れていたとは思えない」。映画館で観た、高倉健の「唐獅子牡丹」の恰好良さはともかく印象的だった、と語る。

彫師たちにとっても、『一匹竜』は印象的な映画で、横浜の彫師である三代目彫よし氏は、この映画を観て彫師を目指すようになったという。ほかにも、毛利さんの影響を受けたと述べるのは沖縄の初代彫信氏で、「色づかいがよく、絵のバランスが非常によい。杉良太郎が「金さん」だったときの桜吹雪は最高だった。この人が彫師になったら、本当によい彫師になったと思うよ」とも評している。

図案を決めるのは私

――それで、京都撮影所製作の映画では、刺青の場面と図柄に関して毛利さんはどのような責任や権限があったのですか？

毛利：私の仕事は描くところから始まるのではないです。まずは、台本を読むことから作業開始です。私以外でも、映画やテレビなどの撮影現場で仕事している衣裳部や美粧部、美術部などは、台本をもらうとカット割りまでわかります。そして、それぞれの仕事の準備を始めます。衣裳さんだったら、クランクインの前に監督と一緒に、その役や俳優を総合的に判断して衣裳を揃えます。そして、俳優さんにも来てもらって「衣裳合わせ」をおこないます。床山さんは、町人か侍かなどを考えてカツラを揃えます。

私の仕事では、台本を読んで、役柄や演じる俳優をイメージしながら図案を仕上げます。刺青の図柄や描く位置は私の独断と偏見で決めていました。それをプロデューサーや監督、主演俳優に下絵を見せて決定します。もう意見はでないですわ。「毛利、任せた」ってなもんで。テレビ作品、例えば「遠山の金さん」に関しては絵柄が「桜吹雪」と決まっているので、細かい図案も私が決めます。全体の作業のなかで、下絵をつくる段階が最も時間がかかります。下絵ができてしまったら、あとは早いです。

刺青絵師である私の仕事は、映画のなかで刺青を美しく早く安く仕上げて、いかに感銘を与えるかを考えることです。撮影の順番も、刺青の場面がある場合は、それを中心にして決まります。松方弘樹さんの『名奉行 遠山の金さん』のとき、三つ目か四つ目のシーズンで「今度は桜の花芯に黄色を入れようか」と言ったら、「それ、面白いからやってみよう」となって、印象に残る桜吹雪となりました。松方さんは「わしは漁師だ」ゆうて、しょっちゅうカジキ釣りに行って、肌が黒い。「真っ黒け」なのは、照明で何とかカバーしたけど、描いているシリから、今度は本当に桜吹雪が散る。［真っ黒に日焼けしていた］皮膚がはがれて修正が大変でした。

――「桜吹雪」は、松方さんの年齢に合わせて、毎年一輪ずつ増やしていった、と以前のインタビュー(10)でよく述べておられましたが、本当のところはどうなんですか？

毛利：そりゃ、カツドウヤのサービス精神というもので……。でも、桜吹雪の花の数は、年齢には近い数字にはなっております。

――確かめられて良かったです（笑）。それでは、刺青の図案やアイデアは、あらかじめ監督やプロデューサーが用意したり指定したりするのではなく、基本的に毛利さんに任されているのですね。

それで、下絵はどのように描かれるのですか？ 最初から実寸で描かれるのですか？

毛利：はい。刺青をすると決まったら、俳優さんの身体のサイズを測ります。洋服と同じように採寸して、寸法を型取りして型紙を起こしてから下絵を描くのです。まず、衣裳部に行きます。

スターといわれる俳優さんは衣裳準備前に採寸されていて、身体のサイズがわかっています。記録がなければ、私が採寸します。一度すべて脱いでもらって、乳首を中心に測っていきます。洋服と同じように採寸して型紙を起こしてから下絵を描くのです。下絵は乳首で合わせます。腕もくるっと紙で巻くように、刺青の下絵を描きます。腕に対して、桜はこの辺、と決めて図案を起こします。身体の前面では乳首、背中は肩甲骨を中心点としています。肩甲骨の平らなところに刺青絵の人物の顔を置くと、絵が決まります。

仕上げた下絵は、壁に貼って眺めながら、俳優さんの身体に刺青を描いていました。最初は出番のない剣会の同期らが、よう手伝ってくれました。「おう、終わったあとで飲ますからやってくれ」とよく言ってました。

ところが、女優さんも任侠映画に出演するようになって、助手に女性が加わるようになりました。最後の助手は俳優部の女優二人が務めてくれました。

――下絵にはどのような紙を使っていたのですか？　模造紙ですか？

毛利：大抵は模造紙です。これも一番安い紙です。

観音など左右対称に描く場合は、どうするかというとね。まず、「自分で模造紙に鉛筆で引いた方眼紙を用いてあたりをつけてから紙を半分に折り」観音を左半分だけ描く。「と、ガラス窓に折った紙の白紙側が上にくるようにあてて」こう、光が来るでしょ。描いたほうを白紙側に透かして描くんですわ。そうすると、左右対称になる。

なんでも手早くやらないと。「遅いのは誰でもできる」が東映京都撮影所のモットーでしてね。

――（感心して）そうするんですか。トレース台など使わないわけですね。

毛利：顔の正面向きは難しいです。耳の向きもそろえなければならないし。観音の首の下には三本線が入っている。二本の線と思っていたけれど、勉強してわかった。刺青の絵は線に強弱はつけない。線の太さは全部一緒です。初期の絵は、なんという幼稚な絵かと思いますわ。

――何かお好きな絵があるのですか。

僕は漫画が好きでね。アメリカの『ブロンディ』(11)とかが好き。今の少女漫画みたいんじゃなくて、リアルなやつ。挿絵画家の伊藤幾久造《きくぞう》さん(12)の戦争画も好きでした。漫画家になりたいと思ったけれど、家族から反対されて……。

後述するように、毛利さんは悉皆屋《しっかいや》と呼ばれる衣類補修業の家に生まれ、小学校のときには「画伯」と呼ばれるほど絵がうまかった。役者になる前は繊維会社に就職して、日本画家のデザインに触れつつ、友禅の色づかいに馴染んでいた。「漫画家になりたかった」と、一九七〇年に作家の藤本義一によるインタビューに答えており(13)、早くから刺青を描く作業に分業も導入している。

第一回からインタビューに同席していた原田も、「毛利さんのお仕事は、繊維会社にいたことと剣会にいたのが大きいのではないですかね。映画の現場をよく知り、この監督だったら、こう撮るというのを知っている。殺陣ではカット割りまで予想するのですよね」と、俳優であるからこそ、劇的な見せ場の演出や緩急の呼吸を知っていると指摘した。

毛利さんの職場である京都撮影所の美術部には、京都市立美術工芸学校ほか美術系の専門学校を卒業した人々が働いていた。いわば身近に一流の手本がある状態であり、三〇代後半からのスタートだったとしても、刺青絵師となるのに素質、経験、見聞がすべて生きたといえる。加えて、毛利さん自身の努力が実を結んだ。

二〇二四年五月一日から七月二八日にかけておもちゃ映画ミュージアムにおいて開催した企画展の見学客には、東京から訪れた山口新次郎氏がいた。山口氏は、江戸火消しを記念する団体、江戸消防記念会のなかで刺青がある会員が集う江戸消防彩粋會の会員で、江戸前の彫師による刺青を実見してきた。山口氏は、「毛利先生の絵は、初代彫宇之と初代彫文が基本」と指摘している。

また、台湾から来日して、伝統工芸士を養成する京都伝統工芸大学校で友禅を学び、京都の友禅会社に就職したという二〇代の男性は、「毛利さんの仕事は、友禅の色づかいと浮世絵のモチーフが生きていますよね」と述べていた。

企画展には、「桜吹雪」のためのドローイング（下書き）も数点、展示したが、筆者が観音の描き方や桜吹雪の下書きから気づいたのは、繊維会社のデザイン制作では日常的に、明治時代以来、義務教育の低学年から実施されていた図画教育が生かされていたことであった。現在は、小

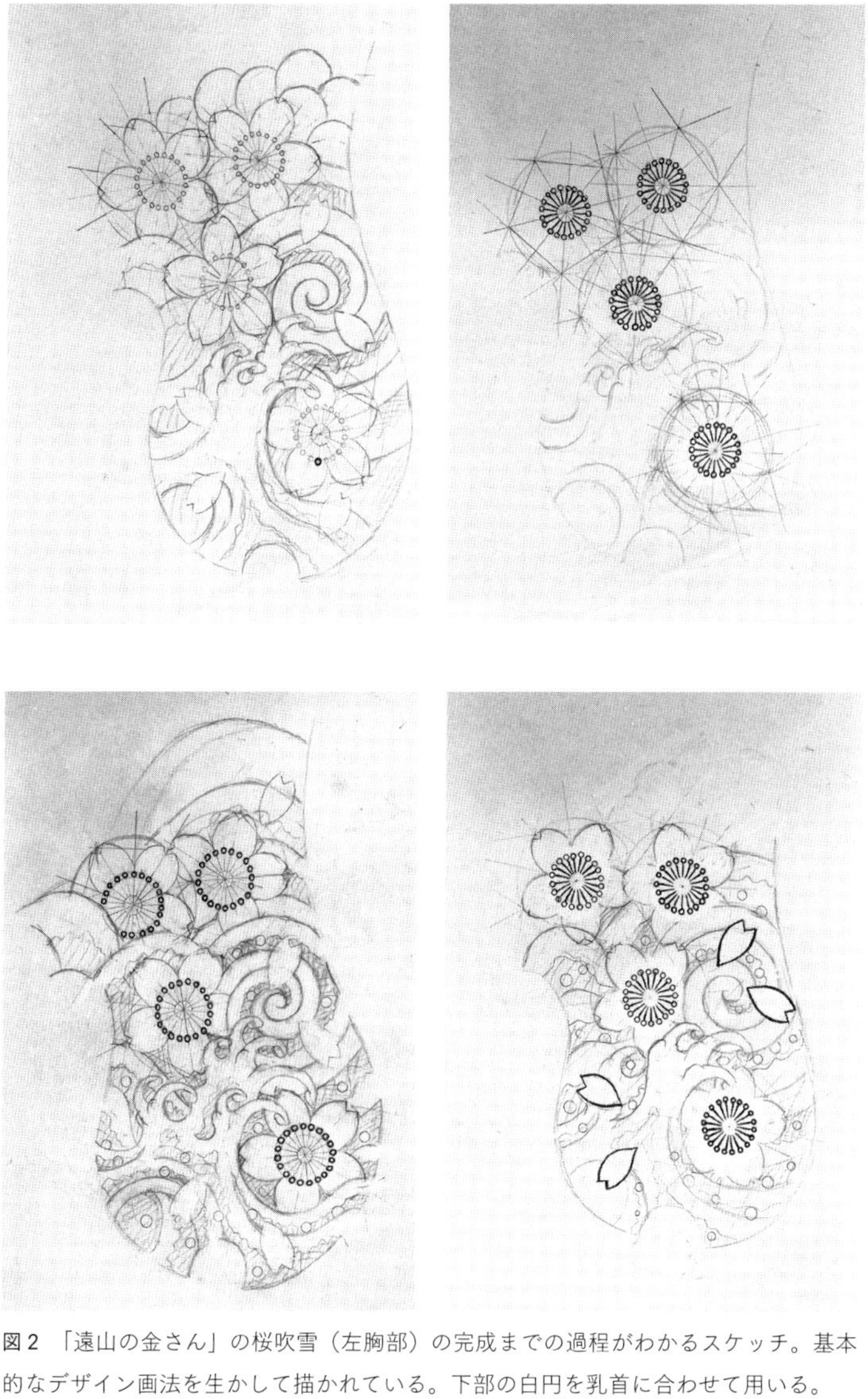

図2　「遠山の金さん」の桜吹雪（左胸部）の完成までの過程がわかるスケッチ。基本的なデザイン画法を生かして描かれている。下部の白円を乳首に合わせて用いる。

学校の低学年では楽しく絵を描き、モノを作り、芸術的な感性を伸ばす教育が中心であるが、戦前は大まかにいえば図画教育では技術・技能教育が重視されていた。臨画と呼ばれる、手本をそのまま描き写すことが求められていた。動物、鳥などの手本などをもとに正確に図を描くことが重んじられ、図形の描画法、透視図法、模様の制作などを訓練する幾何画、三面図や二面図によって器物を描く方法など工芸にすぐ生かせる技能を身につけさせていた。京都ではもともと地場産業として工芸教育に力を入れていたことも、毛利さんの技術の背景にあるだろう(14)。

毛利：刺青を描く作業は、剣会の松田利夫さん(15)や藤本秀夫さん(16)に手伝ってもらっていました。足の怪我で藤本さんは役者を辞め、小道具さんの下絵書きをするようになったので、模造紙をもらって助かりました。そうそう、後に松田さんは、私と映画村に移りました。

——非常に薄い和紙に描いてある下絵もありますが。

毛利：刺青の下絵を小道具として使用するときは、専用の紙に描いていました(17)。いつも模造紙をもらっていたので、時々、小道具さんから手伝いを頼まれるんですわ。小道具用の絵を無償でちょくちょく描いていました。たとえば、「お尋ね者の人相書きを描いてくれ」とか、「時代劇で使う手紙を和紙に書いてほしい」とか。それで書いてあげると、お返しに薄い和紙をもらえるんです。「五社［英雄］組」では春画も描いて、それは小道具で使ってました。

——そういえば、五社英雄監督には刺青があったそうですが(18)。

毛利：五社監督はね、絶対見せなかった。

――ところで、下絵（口絵4参照）に薄く鉛筆で書きこまれている数字はなんですか？

毛利：色指定です。

山田さんら元助手たちの説明によると、毛利さんが輪郭を描き、助手たちは下絵での指定か、その場での指示に従って色を塗っていった。主演以外の俳優はメーキャップを基本的に自身でおこなうため、ぼかすのはうまい。四名から五名の助手となった俳優たちが密集して塗っていった。どうすればよいかがわからなければ、べた塗りだけして、ぼかしを最後に毛利さんが仕上げた。

描かれるキャンパスたる俳優はこれからが本番のため、疲れさせてはならない。「遠山の金さん」シリーズの桜吹雪なら全体の作業時間は二時間ほど。助手たちは身体を折り重ね、時にはひねりながら、描かれた刺青の輪郭の中に色を塗っていた。

一九九〇年代頃からは、毛利さんが演技事務に相談して東映俳優部の俳優を助手として派遣してもらうようになっていた。毛利さんが、養成所から俳優部に所属した生え抜きで、まじめで身元のしっかりした俳優を指名したそうである。

道具について

――刺青を描く際の道具はどうしたのですか？

毛利：筆は面相筆と呼ばれる細い線が描ける筆や、日本画や友禅を描く際に用いる筆です。当時は一本八〇〇円ぐらいかかりました。揮発［性のある絵の具］を使うからすぐに筆が傷むんです。下絵は、小学生が使う水彩絵の具で模造紙に描きました。八〇歳で引退したとき、道具はすべて処分してしまいました。

鶴田浩二さんと高倉健さんを描くときの絵の具は違います。鶴さんは肌の地色が白いし、健さんは日に焼けていて肌が黒かったです。刺青の色は、俳優の肌の色に合わせて調合します。「高倉健」「藤純子」と、名前を書いてボトルキープしていました。

身体に刺青を描くときには、肌に優しい特殊な絵の具を用いています。いろいろ工夫を重ねまして、なかなか落ちないような配合にしています。特製の親指にはめる小さな鉄製パレットを使って、描いていました。刺青を描かせていただいたとき、俳優さんの肌をかぶれさせたことがないのが自慢ですね。仕事着はダボシャツ。楽屋でも楽だったので、部屋着にしてました。筆は立てて使うので、肌に描くときには白い布に綿を入れて包んだもので手を固定します。粗いタッチのときはフリーハンドで。細かいところは固定しないと仕事になりません。

――刺青はどこで描いたのですか？

毛利：「刺青部屋」という部屋がありました。役者さんが裸になるので、専用の部屋がないといけません。東映京都撮影所には、俳優会館という四階建ての建物があります。一階に演技事務とメイク室や結髪室、衣裳部にお風呂があり、二階には主役級俳優の個室があります。三階の廊下を仕切ってつくった部屋に、冷蔵庫や水屋箪笥、洋服箪笥、テレビ、クーラー、暖房、座布団などを入れていました。冷蔵庫には、仕事に使うベンジンとビールがありました（笑）。

刺青を描くときには、私も入れて五名ほど人がつきますし、冷房・暖房を効かせるようにしました。俳優会館では最も大きな部屋で、良い部屋だったと思います。時々、スタッフはすき焼き食ったり、ビール飲んだりして。隣の部屋は、特技[19]の宍戸大全《ししどだいぜん》さんが使っていました。

そうそう、宍戸大全さんに関しては、傑作な話がありましてね。あるとき、撮影所の幹部が真っ青になって出社してきたのです。「おい、宍戸大全が死んで、葬式を出しとる。どうなってんだ」と言い出して、撮影所が騒然となりました。でも、それはお兄さんの葬式でして、お兄さんの名前を仕事で使っていたことがわかって一件落着となりました。

刺青部屋には、鶴田さんや若山富三郎さんは来なかったけれど、高倉健さん、藤純子《じゅんこ》［富司純子《すみこ》］さん、菅原文太さん、北大路欣也さん、里見浩太朗さん、松平健さん、渡辺謙さん、八代亜紀さん、高島礼子さんなどが来ました。

描く俳優さんには、背中をまるめた姿勢を取ってもらいます。写真を撮るときも、描いたとき

図３『肉体の門』よりかたせ梨乃への刺青下絵「関東小政」

のポーズにしてくれと頼みます。女優さんには「背中を丸めて、おっぱいを抱えてください」と指示します。また、女優さんには生理の日も聞きます。刺青を撮影するシーンは、風呂場やベッドシーンなのであらかじめ確認して、危ない日にあたらないように撮影スケジュールを調整します。

『肉体の門』（五社英雄、一九八八年）では、かたせ梨乃さんの太腿に「関東《かんとう》小政《こまさ》」とバラの花を描きましたが、本番で刺青を見せるときのポーズを取ってもらって描きます。太腿は、立ったときと座ったときで形が変わります。四角形が長方形になってしまうので、注意して撮影します。

全身を描くときは、午前中に上半身を攻めます。お昼を食べてから、今度は立ってもらって下半身を描きます。デビューしたての京本政樹さんの全身に描いた『雪華《せっか》葬《とむらい》刺《ざ》し』（高林陽一、一九八二年）では、一〇日間連続で仕事しました。朝五時から描いて五時間ぐらいかかるんや。京本くんはよく頑張りました。

――描かれる俳優さん側の心構えはどうですか？

毛利：倍賞美津子さんが新婚旅行で海外に行ったあと、線の入った水着を着て、日焼けして帰ってきたことがあるのです。ストライプに日焼けした跡が隠せなくて、大変困りました。結局、先に全身に調合した絵の具を塗って肌の色を統一しました。台本では「真っ白な肌に牡丹一輪」となっていましたけれど、牡丹を描くよりも下地をつくるのに時間がかかりました。でも、そのメイクと照明によって、日焼けがわからないくらいきれいに映っていると思います。(20)

——ほかに必要な準備はありますか？

毛利：女優さんの場合、前日はブラジャーやパンティの跡をつけないように寝てもらいます。下着の跡はなかなか取れないですよ。まあ、下着の跡を残してくるような不心得の女優さんは一人もいませんでしたけど。

いよいよ、撮影

——ようやく撮影の話に入りますけど、撮影で覚えていることはありますか？　また、撮影に関してはどのような工夫がありますか？

毛利：キャメラとフィルムを通した色を前提として色は調整しています。また、他の部署が関わることなので詳しく話せないのですが、衣裳や撮影、照明にも秘訣がありました。

肌襦袢も工夫してます。人絹《じんけん》とも言いますが、スフという布で肌襦袢を衣裳さんにつくってもらってました。縫い目が肌に当たらないように裏返しに着てもらいます。刺青を描いたあとにこの肌襦袢を着てもらうと、衣裳とすれないので取れにくいのです。衣裳も汚れません。

「昭和残侠伝」シリーズでは四作目『昭和残侠伝 血染の唐獅子』（マキノ雅弘、一九六七年）以降に刺青を担当しましたが、刺青を傷めないように衣裳部に言って、高倉健さんの着物にはすべりのよい裏をつけてもらいました。描いた刺青は、本物と並べたらだいぶ色は違いますけれど、キャメラを通したら同じように映ります。

松方弘樹さんだけは日焼けして色が黒いので、フィルムで撮影して、あらかじめキャメラテストをしていました。桜吹雪の色をどうするのかを試写室で観てから、桜はこの色、黒は何パーセントと決めてました。

刺青を描いたあとは、私も撮影現場に行って、刺青の状態や場面のつながりなどをチェックします。立ち廻りをしていると身体の刺青が描いていないところが見えたりするので、映らないように見ています。もちろん、刺青の補修もします。

――ほかに工夫はありましたか？

毛利：撮影本番直前に熱い蒸しタオルで、刺青の部分を蒸します。魔法瓶からバケツに熱湯をそそいで、タオルの両端をもってゆるめに絞ります。刺青にポンポンした粉を取らねばなりませんしね。

――刺青にポンポンした粉とは何ですか？

油性の絵の具を使ってますから、肌に描いたままでは刺青はテカテカして見えます。保護と色を落ち着かせる意味もあって、全面に描いてはベビーパウダーをはたき、描いてははたきを繰り返します。本来は、テカリを押さえる専用パウダーがあるのですが、価格が高いので自分の子どもで実験して、ベビーパウダーになりました。

蒸しタオルで蒸すと、本当の刺青と一緒で色が冴えます。日米合作映画の『外道 GEDO THE FATAL BLADE』（ダレン・スー、二〇〇〇年）の仕事で中条きよしさんとハリウッドへ行ったとき、刺青を描いて、本番になる前、中条さんが服を脱いだら刺青を描いた箇所が真っ白なわけです。そうすると周りのアメリカのスタッフが「どうなってるんだ」とざわざわしだした。「まぁまぁ」と言ってお湯を持ってきて、蒸しタオルを刺青にあてました。タオルもゆるく絞っておくのです。タオルをめくったらポンポンが溶けて刺青が鮮やかにふわぁっと出てくる。歓声が上がりましたね。

このポンポンをよく思いついたと自負しています。ポンポンのおかげで、今日まで刺青を描くことができましたね。

毛利さんは、松竹作品『陽炎2』（橋本以蔵、一九九六年）のパンフレットの記事「もっと背中に光あれ！」（構成・吉田薫）で、いくつかのポイントを語っていた。いわく、日焼けは前の撮影時とベースの色が変化するため、全体の色バランスが変わってしまい、絵の具の調合を変えなければならなくなる。衣裳や背景との色バランスも大切な要素で、諸肌を脱いだときに刺青が映像的に映えるように、殺陣師、衣裳、大道具などと綿密な打ち合わせを重ねている。撮影の段取りもあらかじめ決めておく。着物を脱ぎながら刺青を見せる場面では、抜き撮りをする。つまり、見せるカットを先に撮影してから、次に脱ぐシーンを撮影する。そうでないと、帯や腰紐に締めつけられ、見るに堪えない状態になる。これを、刺青を直し直し撮影すると、一日ワンカットで精一杯となる。カットの量を計算しないと、こなせる量が圧倒的に少なくなる。照明との連携も欠かせず、刺青を中心にライティングをすると白く飛んでしまう。鏡で絵柄だけを照らす微妙なテクニックはプロならではの技である。

また、二〇二四年三月に京都撮影所のキャメラマンさんから伺ったお話では、「毛利さんが熱湯を入れたバケツを持ってこさせて、タオルを絞りだすと撮影現場全体の雰囲気が変わります。「いよいよ、本番か」というピリッとした空気になりました。タオルで蒸した肌が赤くなって、すっと覚めていく。少し透明感が出て来ると、毛利さんが「はい、大丈夫です」と声をかけます。それで、撮影に入りました。実は撮影現場にいる私たちは、毛利さんが刺青部屋で描いているので、刺青をどうやっているのか知らないんですよ」ということだった。

――『懲役太郎 まむしの兄弟』(中島貞夫、一九七一年)での最後のシーンはどうやったのですか? 最後のシーンでは、菅原文太さんと川地民夫さん演じる「まむしの兄弟」がやくざの組に殴り込みに行きます。その前に、出所してきた二人は彫師のところに行って刺青を彫るのですが、

図4 『懲役太郎 まむしの兄弟』（1971年）

二人とも痛がりで殴り込みにはとても間に合いそうにない（笑）。でも、刺青が仕上がっているので、アレレと思って観ていると、激しい雨が降ってきて刺青が流れてしまうシーンにつながって種明かしとなります。あれは、毛利さんが仕掛けをつくられたんですよね。

毛利：あの最後のシーンは、私が提案しました。菅原文太さんと川地民夫さんの刺青の輪郭は油性の絵の具で描いて、ほかは水性絵の具で埋めました。水がかかると水性絵の具の部分が流れます。最後は油性の絵の具が残って、筋彫り状態になる仕掛けです。

――あのシーンがいいんですよね。何をしても中途半端だった二人が殴り込みを成功させても、かっこ悪く終わるという。

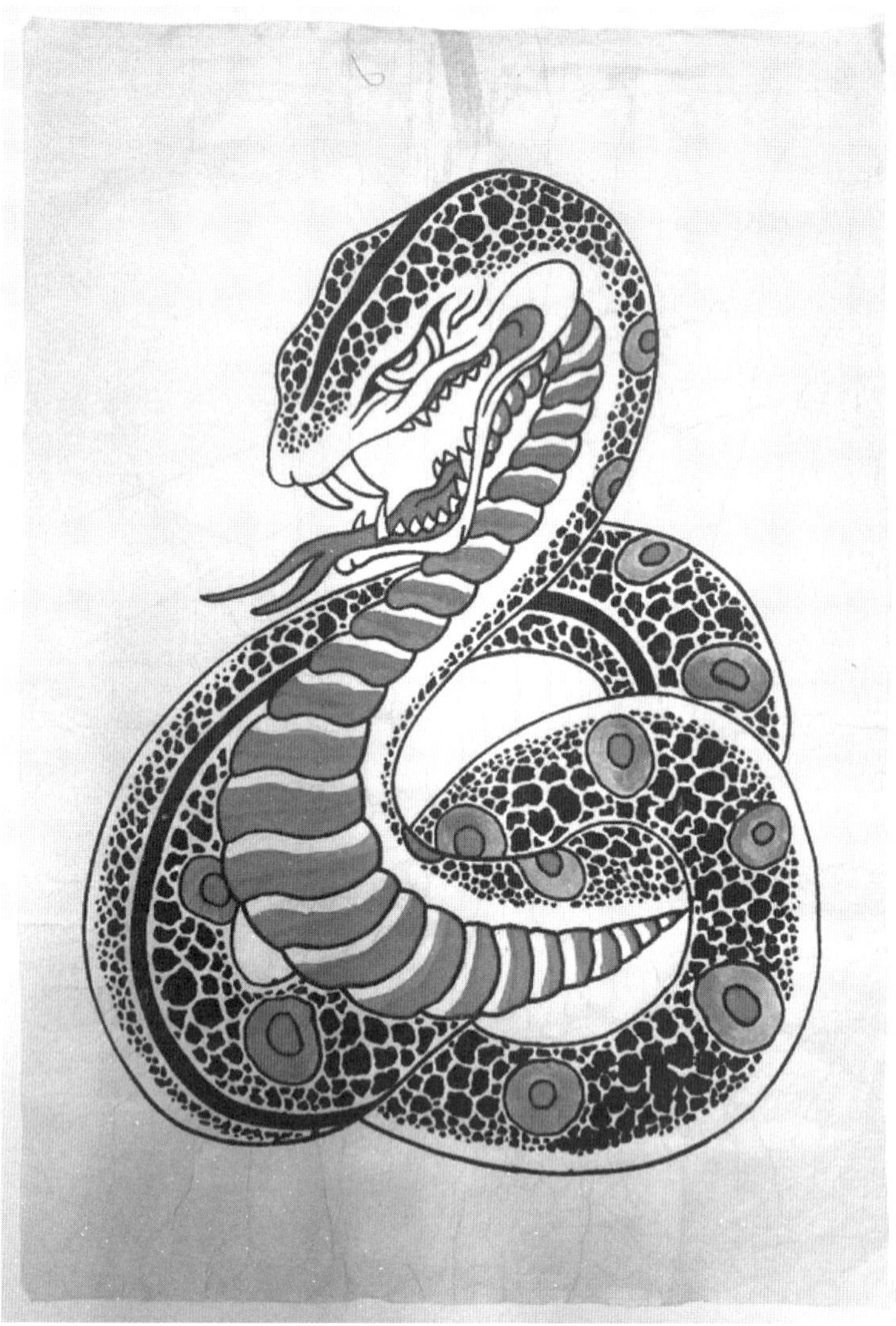

図５ 『懲役太郎 まむしの兄弟』より菅原文太への刺青下絵「まむし」
映画では図柄の向きが左右に反転している。

図6　同作より安藤昇への刺青下絵「一匹竜」

毛利：水性絵の具は描いてから三〇分ぐらいでボロボロ剥がれ落ちるので、それが大変でしたね。

――それから、一度聞いておきたかったことですが、安藤昇さんや俊藤浩滋さんには刺青は入っていたのですか？

毛利：ないですわ。きれいな身体でした。

『懲役太郎 まむしの兄弟』では、まむしの兄弟がそそのかされて安藤昇を襲おうとして風呂に乗り込むシーンがある。安藤昇の背中に見えるのは龍の頭部の刺青だが、これは、『博奕打ち 一匹竜』の龍（**口絵1**参照）と首の向きが反対なだけで流用されている。また、この水で流れる刺青、筋彫りだけが残る刺青というアイデアも、たびたび別の作品で流用されている。

例えば、NETテレビと東映京都テレビ・プロダクション製作で一九七〇年一〇月二日から一二月二五日まで放送されたテレビ時代劇『紅つばめお雪』で流用が確認できる。第一話は「花にいれずみ陣羽織」というタイトルで、主要登場人物の与三郎（工藤堅太郎）は背中に龍の刺青が彫ってあるのが自慢となっているが、実はひげ以外は描いたもの、というオチがつく。雨などにあたると、背中の龍は筋彫りだけ残して流れてしまうのだ。

『紅つばめお雪』には、毛利さんのクレジットはない。一九七〇年代のテレビ時代劇やポルノ映画などの仕事にクレジットがなかったのは、「本編（映画）」に関わってきた京都撮影所の人々にとって非常に抵抗があったためだという。

メイクでも仕事

――そういえば、毛利さんは、メイクの仕事もするのですか？　映画史家の伊藤彰彦さんによる松方弘樹さんへのインタビューによれば、『柳生一族の陰謀』（深作欣二、一九七八年）で、家光役の松方さんの発案で顔のアザのメイクをされたとか[21]。

毛利：お兄ちゃん［松方弘樹］のために、毎日撮影現場に詰めていたよ。

――メイクに三時間かかったと書かれていますが。

毛利：便利屋ですので、なんでもやります。自分は俳優でメイクもできますから、お兄ちゃんから頼まれてアザのメイクをやりましたが、そんなに時間はかかりません。慣れたらアザのメイク自体は二〇分ぐらいでできます。

この映画にも俳優として出ました。映画で檄をとばすところがあったでしょう。その檄を書く侍役をやったのが私。

同じ深作監督の『魔界転生』（一九八一年）では、千葉真一さんが演った柳生十兵衛に、経文の梵字を全身に描き入れる仕事もしました。監督からの注文で、まず、寺に行って経本を入手しました。そして、書店で梵字の専門書を購入して、大文字、小文字、楷書体、くずした書体などを学びました。そして、千葉さんの顔、手、耳、喉、胸へかけて、見えているところすべてに梵字を描き込みました。絵柄の刺青と違って、ボカシで背景を塗るわけにもいかず、想像以上に時間がかかりました。また、文字なのでちょっとでもかすれたら直す作業が入りました。

他にも、「昭和残侠伝」シリーズなどでは、高倉健さんが背中を切られるときの傷は、私が考えて、切られる場所を決めたり、メイクで傷をつくったりしました。

『エロ将軍と二十一人の愛妾』（鈴木則文、一九七二年）では、衣裳部の森護《もりまもる》さん、通称「マモちゃん」と組みました。この映画では、将軍の前で尼さん［丘ナオミ］が全身の刺青を見せるとき、着物がパッと脱がされます。これは着物の左右にピアノ線をつけて、マモちゃんとタイミングを合わせて引いて「御開陳」というわけです。

東宝の『夜叉』（降旗康男、一九八五年）の現場で、久しぶりに健さんに会ったら、女性の助手がいるようになっていたので、健さんが「いつから、女の子がいるようになったんだ」とちょっとびっくりしたようです。この撮影ではスタッフが遠巻きに見ていて、誰も高倉健さんに近寄っていかないのが気になりました。健さんがヤク中のやくざ役のビートたけしさんに切りつけられる場面では、本当は殺陣師がやらなければならない仕事なんですが、誰もセーターの仕掛けを作ろうとしなかったので、刺青の仕事で行った私がやりました。ええタイミングをはかってピアノ線をひっぱって傷を見せながらセーターを切って落とします。「半間《はんま》」という言葉がありましてな、ちょっとセーターが切れたところを見せて、そのあとバラッとセーターを落とします。最初は切りつける役のたけしさんが糸を引くことになってましたが、「下手うったら困るから、毛利さんがやってよ」と言われて引き受けました。

実は『夜叉』の刺青の原案は、僕ではないです。別のイラストレーター〔福山小夜氏〕の案を健さんが良いと言ってね。だから、その案の「顔と紅葉」だけを生かして下絵を仕上げました。私の下絵とは全然違います。

そうそう、この映画では、健さんがどう演じたらいいか迷っているようだったから、相手役の田中裕子さんに向き合ったら「耳たぶを噛んだらどうですか」と、勧めました。キッスは健さんらしくないんでね。


映画製作は、プロデューサーが企画を立て、会社に企画を説明し、承認をもらってから、始まる。監督、脚本、撮影、照明、録音、美術、編集、衣裳、美粧、結髪、装飾、擬斗、特技、記録、進行主任、舞台装置、演技事務、大道具、車両部など、職種(22)で部署が分かれている。時代劇やドラマのスタッフロールでおなじみだが、この各部署には複数の人々が帰属して、それぞれの部署の専門性を発揮する。何人もの人々が、一つの映像作品をつくりあげる。

この専門性の高いスタッフたちの頂点に立つのが監督である。「映画は監督のものだ」と毛利さんは語る。監督の下に同じ顔触れのスタッフが集まり、「〇〇組」と呼ばれるチームとなって仕事をおこなうこともある。

毛利さん自身は、刺青絵師は特技に入ると説明している。「刺青」は、毛利さんとその助手たちで構成されていた。毛利さんが東映の演技課に指名した役者を「刺青の撮影日」に助手として派遣してもらっていた。一九八〇年代後半に俳優養成所に入った山田永二さんらは新人俳優であった頃、一九九〇年代から二〇〇〇年代にかけて助手を務めていたそうである。歴代の助手は一人をのぞいて、すべて俳優であった。

助手を務めたことのある女優Bさんによると、毛利さんが俳優を助手にするのは「俳優には俳優の心がわかるから」であった。本番前の俳優は役に入るために集中して、まったく口を利かない場合もある。そうした際に、そっとしておけるのが同じ俳優である。また、撮影前に刺青を描くために長時間動けないときのケアや、暑さ寒さの厳しい撮影現場で肌を晒す際のフォローは、同じ役者にしかわからない。美粧のスタッフ（つまり、メイクさん）が「なぜ、手伝わせてくれないの」と不満そうであったが、毛利さんは一貫して俳優を助手にし続けたそうである。

さて、映画の設計図たる台本[23]が配られると、それぞれのスタッフは撮影までに何を準備しなければならないのかを台本をもとに読み解く。撮影当日には、スムーズに役者の配置をし、照明とキャメラの位置を決める。特に、テレビ時代劇では、セットと画面に奥行きがないので、構図に工夫を凝らす必要がある。画面に写り込むすべての人々は必要があって配置されている。セリフがない通行人役も、映像に奥行きと深みを与える意味がある。

古書店より筆者（山本）が偶然入手した、毛利さんが使用した『男の勝負 白虎の鉄』（山下耕作、一九六八年）台本（準備稿）には、刺青の作業が必要と思われる場面の上方に「――刺青――」と線が引いてあった。構想の段階では、主演の村田英雄の刺青を背負った姿の出演シーンがより多くあり、より多くの場面が刺青で彩られる予定だったことがわかる。

刺青と演技

――相手役が刺青に触れる演技などがありますが、それはどうなっているのですか？

毛利：松方弘樹さんの『金さん』では、刺青を描いた胸を手で叩きますが、あれは叩いた音をかぶせていて、軽く叩いております。

――（『極道の妻《おんな》たち』（五社英雄、一九八六年）で世良公則がかたせ梨乃に刺青を見せる場面、ラストでかたせ梨乃が世良公則の身体に手をはわせる場面をＤＶＤで観てもらってから）これはどうされたのですか？　かたせさんの手が世良さんの刺青を触っているようにみえるのですが、どうやったのですか？　これぐらいでは、刺青は取れないのですか？

毛利：何もしなければ、こすらなければですね、三、四日、刺青は持ちます。爪を立てて手をすべらせたりすると、刺青が擦れて取れてしまいます。撮影では、すれすれに手をはわす力加減を教えて、刺青の部分を触れる感じの演技を教えます。俳優さんの肌に直接手をあてて、「このように触ってください」「ここまでなら触って大丈夫です」と力加減を伝えるんです。このように、刺青に関わる演出もします。爪を立てるときは、ぎゅっとつかんで動かさないようにします。

高倉健さんには、刺青に浮かぶ「玉のような汗」の表現を、当初はベビーオイルでしていました。ベビーオイルは目に入ると痛いんですね。東京撮影所のメーキャップマンからグリセリンがいいと聞いて、以後それに切り替えました。刺青の上にたたいてもピリッともしませんから、「玉の汗」の表現も容易になりました。

八代亜紀さんに、仁義の切り方を教えたこともありますよ。「おひかえなすって」で出した手の親指折るのと伸ばすのでも意味が違うから。言い間違えたら、「ブスッ」て刺される世界だから、仁義はゆっくり述べます。仁義自体も、本職はああもスラスラ言いません。でもね、本物の世界を面白くするのはこちらの仕事だからね。

八代さんは歌手だから爪を伸ばしていましたけど、「たかがテレビと思うだろうが、私ら仕事に命かけてますんで」と言ったら、壺振り(24)の役やるのに切ってくれました。

——仕事の手順で、他のスタッフさんと意見が対立して困ったことはありますか?

毛利：『極妻』〔『極道の妻たち 赫い絆』(関本郁夫、一九九五年)〕のとき、キャメラをやっていた木村大作さんとありましたね。木村さんは順撮りにこだわって、「〔台本の〕頭から行きます」と言っている。でも、刺青の撮影は準備もあるし、刺青については自分が監督しないと現場がまわらんのです。撮影所では、「刺青に関しては、こうしてくれ」という私の意見が大概通ります。映画の中でいかに刺青を美しく見せ、良い場面で感銘をどう与えるかを考えるのが私の仕事です。ケツカッチン〔撮影終了時間〕が決まっているので、刺青から撮ってもらいます。案の定、木村さんがそう主張しても撮影がうまくいかなかった。それから、大作さんは、私を持ち上げて「毛利先生」と呼ぶようになりました（笑）。

毛利さんの話を伺っていると、スターが身体的に恵まれているわけでもない事情がわかってきた。ある女優は肩にコブがあり、刺青を描く箇所を工夫して隠したという。背中にあるアザやほくろ、シミも、ベースの色で消さずに刺青の色や絵柄で見えなくした。

逆に、身体にすでに施されている刺青を消す必要がある俳優もいた。その絵柄は消さずに、生かして仕上げた。あるいは、足首にあった刺青を鼠色の包帯で隠したこともあったという。

図７『江戸むらさき特急』で使用されたハンコ

舞台の仕事では、北島三郎、美空ひばり、里見浩太朗、高橋英樹、松方弘樹などを手がけているが、毛利さん自身が毎日担当するのは難しいので、肉襦袢をつくり、肌色に染め、荒いタッチで、大きく波や桜吹雪などを描いた。汗をかいて頻繁に洗濯をすることを考慮して、Tシャツや友禅タイツに落ちない顔料で描く。リアルに細かく描いても舞台映えはしないとのことである。貼るタイプの刺青やハンコを使うこともある。

ハンコを使った例では、山城新伍監督のVシネマ『江戸むらさき特急』（一九九五年）がある。中条きよし演じる「遠山の金さん」に、桜吹雪のある赤ちゃんが生まれるエピソードの撮影は、子どもが寝ている間に桜のハンコを使って描きあげたとのことである。

毛利：映画村を退職したあとは、全国の撮影所を飛びまわって忙しくしていました。「連絡が取れない」と文句を言われて、先駆けて携帯電話を持ちました。

――あの大きいショルダータイプですか。

毛利：でも、刺青の道具と魔法瓶とバケツを自分で持たねばならないので止めました。地方の撮影所に行くときは、先方の演技課で助手としてエキストラを手配してもらって、アルバイトとして雇ってました。道具箱はキャメラボックスでした。ベンジン積んだら、飛行機は乗せてくれないので「カメラです」って言って乗ってました。

――実際に彫師さんがお客さんを彫っているところは、見たことはありますか？

毛利：見たことはありません。

あっ、そういえば、『雪華葬刺し』でね、刺青を入れる場面の音を録る必要があって、京都に来ていた彫師さんを呼んで、その先生が自分の太腿に針で空突きしたのを三〇秒ほど見せていただいたことはあります。

――この映画は、私（山本）が好きな小説（赤江瀑の同名短編小説）の映画化なんですけど、当時フランスとかアメリカで受けたんですよ。ともかく「変態さんいらっしゃい」って感じの映画で（と言いながら、DVDを観てもらう）。

毛利：ふーん。こうなってたんか。初めて観るな。

――宇都宮雅代さんの乳房の脇に血が流れるシーンはどうしたんでしょうね。

毛利：これも大変だった。たしか、油を二筋塗って、［間に］血を流したんじゃないか。筆の先を取って、針を丸くして取りつけ、血糊を薄めて注射針に入れ、それを差し込んで血が出るように見せました。

そうそう。あとにも先にも俳優さんにタダで描いてあげたのは、ビートたけしさんだけ。『姐御』（鷹森立一、一九八八年）に出演したビートたけしさんに刺青を描いたら、「お姉ちゃんに見せるんだ。このまま東京に帰る」と言う。立ち廻りしたあとで、あちこち血糊もついていたりして人に見せられるような状態ではなかったから、一度落としてから新しく描き直して、お帰りいただいた。

持って帰ったといえば、年取った俳優さんが「私もう年ですから、最後です」と言って、そうっと帰らはったことがあります。その俳優さんは、「刺青が取れますから」と言って、監督が「はい、芝居してください」と言っても動かなかった（笑）。女優の天海祐希さんも、落とさずに帰宅されました。

『徳川いれずみ師 責め地獄』のエピソード

――『徳川いれずみ師 責め地獄』[25]（石井輝男、一九六九年）の話ですけど。お名前がクレジットされていませんが、あれも毛利さんのお仕事ですよね（と、DVDを観てもらう）。

毛利：［呆然と］こんな話やったかいな。忙しゅうて、ほとんど完成した映画やポスターは観てこなかったから。

これは、監督が「刺青らしくないものをやりたい」と言ったんで、大津絵[26]なんかも参考にしたんや。監督の指示で、刺青の色では使わないピンクやブルーも使ってます。時間がないんで、京都の美大生たちを呼んできて「お前ら、好きなように描け」って言って、できたヤツを自分の絵にして描きなおして、撮影しました。

――映画の最後に、ハニー・レーヌさんの背中に描かれた蛍光色の刺青が出てきますが。

毛利：はい、蛍光塗料を使いました。当時は水性ですので三〇分ぐらいしかもちません。はげ落ちるので、色を足さねばなりませんから大変でした。蛍光塗料用のライトを使って撮影してます。

あの当時、裸になる女優さんが少なくて、京都のクラブ、バー、酒場に行って、「映画に出る気はないか？」ってホステスさんたちを誘って、大勢連れて来ました。俳優会館の三階の一室を借りて描きましたたら、出番が終わると「宜しくお願いします。私のいる店です。遊びに来て

図8 『徳川いれずみ師 責め地獄』(1969年)

ね」って撮影所のスタッフに名刺を配って帰っていったんで、皆驚いた。

——この映画撮影時に、新東宝から東映に移籍した石井監督と撮影所の上層部の「異常性愛路線」を批判する貼り紙が撮影所に貼りだされたそうですが(27)。

毛利：そんなことはあったかもしれない。何してるのやろう、と思う人もあっただろう。だけど、わしらスタッフは毎日機嫌よう働いていたよ。

——この映画には、もう一つ事件があったと聞いています。ポスターでは後ろ手に縛られたどくろの刺青がある女優の背中が印象的ですが、実はこの方、主役を務めたのはこのポスターだけでした。逆さ片足吊りなどの過酷な撮影に音をあげて、撮影初日が終わったら行方不明となって降板したそ

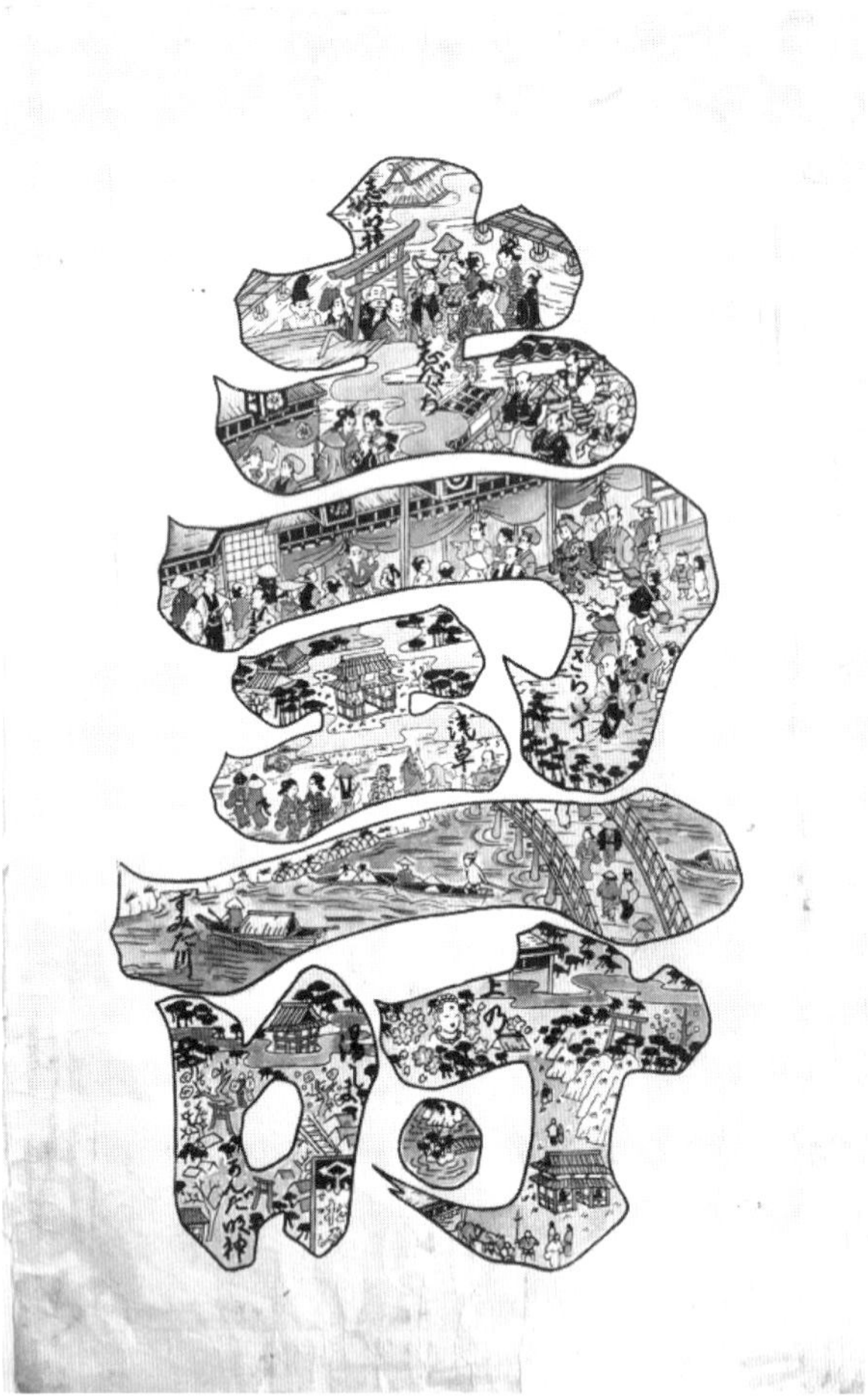

図９　『徳川いれずみ師 責め地獄』より刺青下絵「壽」

うですね。

毛利：これは前代未聞の話。主演女優が男とトンズラなんて。

――それでは、東映が話題作りに仕込んだのではなく、本当に失踪したんですか……。

ところで、毛利さんが出演した映画では、賭場の場面や彫師役でよく出演されていますが、ご自身にも刺青がある役を演じたりしていますよね。それはどうしているのですか。

毛利：鏡に向かって、自分自身で描いています。ひとに描くのと違い、仕上がりまでの時間がかかりました。私の描けないところは、お手伝いさんに描いてもらいます。

さまざまな「本職」の人々と映画

――映画を観ていた人たちとの交流はあったのですか？

毛利：だいたいが僕らは「本職」と思われているから、誰も来なかった。弟子入り希望者も来ない。

基本的に素人さんには描かないです。でも、二度だけありました。一度は奈良警察署から二人の刑事さんがやってきて「張り込みをする。刺青があったほうがバレないから描いてくれ」と言われて、半袖から見えるところに「花札」などを描いたことがあります。

昔はのんびりしていて、拳銃を使う場面では右京警察署から弾を抜いたピストルを借りてきて撮影したりしてましてな。

もう一度は、祇園宮川町の芸者さんが『緋牡丹博徒』（山下耕作、一九六八年）に憧れて、「お竜さんになりたい」と言ってきた。しょうがないから、やってあげたけど。

「本職」は刺青を見せてくれるけど、写真は撮らせてくれません。『仁義なき戦い』（深作欣二、一九七三年）のとき、原作者の美能幸三《みのこうぞう》さんの背中を見せてもらったら、二尺三寸の鯉がありました。ちょうど日本刀の長さと一緒です。写真は撮らせてもらえなかったので、慌ててスケッチしました。それを正確に文太さんに描きました。

――それでは、菅原文太さんが演じた広能昌三《ひろのう》の背中にある「昇り鯉」は、モデルを反映していたんですね。ところで、毛利さん、本当に刺青を彫る彫師さんの仕事についてどう思いますか。

毛利：［初代］彫文さんのところに話を聞きに行ったら、神の技と思った。自分たちの仕事は間違えたら消せば済む。でも、彫師さんは一センチ間違った線を引いてしまったら消せない。真剣勝負の仕事で、彫師と客が作り上げる世界だな。墨の加減、そして針の深さ、浅さで色を出していくからね。


七〇年代までの東映では、現実の人々に取材することでリアルな映画づくりを心がけていた。また、映画をトラブルなく制作するためには、ロケやエキストラの手配なども含めて、その筋の人々との交渉が欠かせなかった。そのため、任侠の世界にいた人々が自然にプロデューサーに渉

図 10 『仁義なき戦い』（1973 年）より菅原文太への刺青下絵「昇り鯉」

外、盃事などのしきたりを指導する形になった。

六〇年代の任俠路線では、プロデューサーの俊藤浩滋が盃事や賭場の場面などを忠実に再現することを目指してきた。続く七〇年代の実録路線でも、モデルとなった人々にさまざまな伝手をたどって取材した。また、本当に刺青のある人を出演させることもあった。『博奕打ち 一匹竜』では、本物の刺青がある人々がエキストラとして出演している。

毛利さんの仕事に関連する例でいえば、浅草にいた初代彫文の仕事場や京都の銭湯などにも通って、本物の刺青について探った。一方、彫師やその客たちのほうも、任俠映画に憧れ、あるいはそのイメージを参照して刺青を入れることがある。映画などでは、彫師が本当に彫る手元の映像がインサートされることもあれば、彫師が俳優に刺青を描くこともある。主役の脇に本当に刺青のある人を配置することによって、映像に奥行きや迫力を与えてきた。現実と映画というフィクションには、このようなイメージの往来がある。[28]

映画やテレビに出演する俳優への刺青を毛利さんが描くのは、すでに述べた通りである。ただし、毛利さんによると、宣伝部がポスターをつくるため、ポスターの俳優に描かれている刺青絵が、毛利さんの刺青絵と異なる事例がたくさんある。例えば、八〇年代の例となるが、『極道の妻たち』のポスターでは、自らも刺青を背負っている五社監督のこだわりからか、彫師（毛利さんによれば、二代目彫芳）による本物の刺青のある男性の全身写真をポスターに取り入れている。この男性は、映画本編とは何ら関わりがないそうである。

さて、筆者が興味を持っていた彫師と刺青絵師の関係であるが、毛利さん自身は、時代が変わり、エピソードの一部の人々への受け止め方が異なるようになったことを意識したせいか、あまり話したがらなかった。「よく、彫師さんから年賀状などをもらったが、返事をしたことはなかった。「唐獅子牡丹」の下絵を分けてほしいと頼まれたもののあげたことはなかった」とも語っていた。唯一の例外は、浅草の彫師で鳶職でもあった、初代彫文こと山田文三で、道具や下絵を見せてもらい、話を聞いたことについてはすでに述べた。「初代彫文が私の唯一の師匠です」とも言明した。だが、自らが仕事を模索していた時代におこなった取材や彫師たちからの情報提供については、あまり語りたがらなかった。同世代の岐阜彫秀氏や大和田光明こと初代彫錦《ほりきん》（一九八七年に死去）との情報交換については、送られた写真や葉書などから概略をつかむことができた。初代彫錦から施術した刺青写真の送付があったことが、聞き取りの際に持参した資料からも確認できた。

岐阜彫秀氏、初代彫錦は、劇画家で俳優としても知られた彫師の凡天太郎らとともに、一九七〇年代より、国内外の彫師や一般の人々に積極的に情報発信をはかった数少ない彫師である。日本でやくざ映画が多く製作されるようになって、職業としてこれまでより活躍しだした刺青絵師とも接触と交流があった時期があったことが窺える。

ただ、インタビューを終了したあと、こうした彫師業界やその他の本職の人々と一線を引く説明の仕方は、取材時九三歳の毛利さんによる、刺青絵師としての技術を完成した時点からのものだったと思わざるを得ないお話を、別の場所で伺う機会を得た。

二〇二四年一〇月二六日に筆者（山本）は、毛利さんからお名前が挙がっていた同世代の元彫師である岐阜彫秀こと小栗一男氏に、木更津で開催されたTokyo Bay Tattoo Festivalで会うことができた。そして、改めてご自宅に伺って、具体的にどのような交流があったのかについてのインタビューを、同年一一月四日に実施した。

一九三三年生まれの岐阜彫秀氏のお話によると、大阪のO親分の組に仕事で岐阜から出張した際に、毛利さんが仕事場で客に刺青を入れる様子を見学しに来たことがあるという。O親分は『沖縄やくざ戦争』（中島貞夫、一九七六年）の取材を受けに、京都撮影所にたびたび足を運んでいたが、東映側が彫師が組に来ていることを知ると、毛利さんの見学を依頼された。岐阜彫秀氏によれば、仕事場に訪れた毛利さんは「刺青を入れる際に人は痛みで悶絶するものと思っていた」ようであったが、実際は音楽などかけてリラックスして施術を受けていることに驚いていた。そして、「先生、私は刺青のことを何も知りません。一度、京都撮影所に来て、刺青について教えてもらえませんか？」と言われて、岐阜彫秀氏は子分たちに車で送ってもらい、撮影所に行った。東映の人々が同行したO親分に平身低頭していたのが印象的だったそうだ。

岐阜彫秀氏は英語を独学し、ホノルルの彫師セーラー・ジュリーと一九六一年に交流を持ったことをきっかけに、アメリカを中心に世界各地の彫師たちと独自の人脈を築いた。セーラー・ジュリーからカラーインクを分けてもらい、墨と紅しかなかった日本の刺青の色を多色化していった人物である。

「当時、毛利さんの色は、本当の刺青の色ではありませんでした。それで、アメリカの映画業界の人々が刺青を描く際に用いるボディペインティング用の絵の具の入手先を教えました。すると、色がよくなって本当の刺青らしくなりました」と語った。構図の参考となるよう、線書きの刺青下絵のコピーを送ったことがあるとも述べており、「健さんの映画を観ていて、唐獅子牡丹が出てくると、「あっ、俺の絵だ」と思った」そうである。

ただし、岐阜彫秀氏のお話の検証をしていくと、毛利さんに会ったのは『ザ・ヤクザ』（シドニー・ポラック、一九七四年）のあとであることが岐阜彫秀氏の発行していた会報資料から確認できた。構図については、毛利さんも早くから独自に情報を収集しており、「昭和残侠伝」シリーズの「唐獅子牡丹」などの構図はすでにスタイルを確立し、自らのものとして描いている。いずれにせよ、刺青業界側からも協力を得ていたことがわかった。

なお、岐阜彫秀氏からのお話について、二〇二四年一二月二日に毛利さんに改めて確認をした。記憶があるかどうかを質問したが、「彫師さんとは、あまりつきあいがなかった」と、表情を変えずに繰りかえした。「ハリウッドに行ったときに、案内してもらって刺青の道具を扱う店にも行ったけど、使えるものはなかったね」とも話していた。

毛利さんは使用している絵の具については、インタビューにおいて一部は明かしたが全容は伏せ続けていた。ハリウッドについてのコメントからすれば、岐阜彫秀氏が紹介した絵の具を長期間使わなかった可能性が高い。本文中でも語っているように「刺青の色」については、描いた段階と撮影での照明を当てた段階、フィルムに定着した段階、そして上映時とがそれぞれ異なっている。岐阜彫秀氏が語る毛利さんの使用用具についてのお話は、毛利さんが描いた色がキャメラ機材を通してそのまま発色すると考えた語りである可能性が高い。岐阜彫秀氏との交流についても、意図的に情報を伏せているのではなく、五〇年以上前の試行錯誤していた時代について記憶が薄れているものと筆者は判断している。

岐阜彫秀氏のお話のなかで興味深かったのは、映画の毛利さんによる刺青絵が彫師たちの使う色に影響を与えたことであった。「緋牡丹博徒」シリーズなどで描いた白い牡丹、「昭和残侠伝」の唐獅子の白く縁どられた瞳などに日本の彫師たちは感銘を受け、岐阜彫秀氏に「白い色はないのか」と相談してきたという。当時は、白いインクを使っても、血の色が混ざってアイボリーになった。純粋な白色はなかったため、セーラー・ジュリーに相談したところ、「これなら大丈夫だろう」という調合ができた。その後、白いインクが日米の刺青業界に流行し、定着していったのだそうである。

また、毛利さんの仕事と映画が彫師とその客たちに与えた影響については、次のような話が残っている。初代彫錦は、「東映の「昭和残侠伝」シリーズに人気があった頃は大変でしたよ。高倉健のポスターを持ち込んできて、これと同じものを彫ってくれというお客さんが何人もいたものです。あの頃は、全国の刺青師がみんな唐獅子牡丹を彫っていたと、今でも語り草になってますよ」とノンフィクション作家である山田一廣のインタビューに答えている(29)。

ちなみに、筆者の友人のFさんは、自分の彫師でもある彫甚こと坂本五郎が「唐獅子牡丹(「昭和残侠伝」シリーズ)が流行っていた当時は、唐獅子牡丹ばかりを彫ったと話していた」と述べている。「唐獅子牡丹をメインに羽衣天女も入れてくれ」と客が言ってきて、「菩薩が守り神なのだから、入れるなら菩薩」と断ったとも聞いている。映画の影響で、全身を彫る「総身彫り」も流行るようになったそうである(30)。

なお、毛利さんによると、撮影所に出入りしていた「本職」からは、博奕のやり方も習ったという。丁半博奕だけでなく本手引きという関西でおこなわれる博奕のやり方もマスターし、それを高島礼子氏や他の俳優に指導している。高島氏は、後ろ手での豆札の繰り方を帰りの新幹線で繰り返し練習しモノにしたそうである。現在でも、毛利さんからシナリオライターが本手引きの話を聞き、台本を書くこともある。

再現――テレビ時代劇「遠山の金さん」撮影の一日

NET系、現在のテレビ朝日系列で放送されていた「遠山の金さん」シリーズは、現時点で七代の俳優が演じ、計八〇四話ある。初代が中村梅之助、二代目が市川段四郎、三代目が橋幸夫、四代目が杉良太郎、五代目が高橋英樹、六代目が松方弘樹、七代目が松平健となる。

もともと、江戸時代の鳶は「後には引かない」という意味で、肌脱ぎになって刺青を見せて相手に立ち向かうことがあった。「遠山の金さん」シリーズでは、かならず「金さん」の立ち廻りが一回あって、その際、動かぬ証拠として「桜吹雪」の刺青を悪役に見せつける。歴代の金さんは、サイコロ、手ぬぐい、相手から奪った刀などを使って戦う。御白州の場面では、悪役はなぜか刺青だけを覚えていて、金さんの顔は覚えていない。たまに、子どもや女性が「金さん！」と気づくそぶりを見せる。「うかつな悪人」は視聴者に優越感をもたせる東映式の演出だった。

実は、一九七五年からTBS系列で夜八時台に放送された時代劇「江戸を斬る」シリーズの第二部から第七部でも、「遠山金四郎」が主役となっている。第二部から第六部までが西郷輝彦、第七部と第八部は里見浩太朗がそれぞれ演じた。「江戸を斬る」は放送枠が「ナショナル劇場」であったためか、御白州などで肌脱ぎになるシーンは「遠山の金さん」シリーズよりもかなり短く、御白州シーン自体がない場合も多い。とはいえ毛利さんは杉良太郎以降の金さんと並行して、「江戸を斬る」でも桜吹雪の刺青を描いていた。まだ実録路線などの映画の仕事もあったはずであり、驚異的な仕事量をこなしていたことになる。

——「遠山の金さん」シリーズの「桜吹雪」を描いていた時代について伺いたいのですが。

毛利：「遠山の金さん」と「江戸を斬る」は、二本立てでやっていました。『江戸を斬る』第八部を制作［正確には制作協力］していた東映太秦映像には「遠山の金さん」の撮影日を最初に言っておいて、撮影日が被らないようにしていました。

桜吹雪は、それぞれの主演俳優のイメージを生かしてデザインしました。中村梅之助さんは渋めの八重桜、花弁は八枚。梅之助さんは、渦巻きだけ。二代目の市川段四郎さんは五枚の花弁の桜。胸毛が濃い人で剃りましたが、毎週のように剃っていたのでカミソリ負けしてお気の毒でした。三代目の橋幸夫さんは華やかで派手な感じに、四代目の杉良太郎さんは大柄なので花を大きめにしました。五代目の高橋英樹さんも胸毛を剃ってもらって、見えるところだけに荒々しい桜吹雪を。「宴会部長」の六代目、松方弘樹さんは他の人より一〇センチも長く腕に桜吹雪を描いてます。これは、白い肌に描いてこそ引き立つ刺青ですが、長くしないと目立たなかったからです。約一時間で終わる工程が四〇分も延びましたけど、本人も納得していました。松方さんの刺青は、波も桜吹雪も先を尖らせました。

――それでは、テレビ時代劇だけでも毎週一、二回は桜吹雪を描いていたわけですね。それに加えて、一九七〇年代の東映は任侠路線や実録路線の映画、女番長《スケバン》映画にポルノもつくっていて、大忙しだったのではないですか？

毛利：忙しかったですよ。刺青も描きながら、映画村で仕事をしていました。「遠山の金さん」や映画の撮影があるときは映画村の仕事を休んで行っていました。社員でしたから、年休を取って刺青絵師の仕事に行っていました。

――大変なスケジュールでしたね。それで、「遠山の金さん」の桜吹雪の撮影について伺いたいのですが。

毛利：「遠山の金さん」の撮影ですとね、主役以外の撮影はすべて別の日に、だいたい三日間で済ませています。御白州とラスタチを一日で撮影します。

――ラスタチとは、何ですか？

毛利：ラスト、つまり最後の立ち廻りという意味です。「遠山の金さん」では、悪人を追い詰めて、桜吹雪の刺青を見せるシーンですね。

撮影が早い日は、朝五時頃に来ます。初期には刺青部屋はなく、京都撮影所入口付近にある旅館、菊香荘《きっかそう》に朝五時か六時から詰めて描いていました。俳優会館の一室になってからは、撮影の受付に寄り、俳優会館の鍵を受け取って、各階の電気をつけていくところから仕事が始まります。人気のない俳優会館は気味悪くて、気持ちが滅入っていきました。首吊りがあったとか、怖い話を聞かされていたので本当に嫌でしたが、これも仕事の一つとしてやりました。

松方さんの場合、八時からメイク室に行って、カツラをつけて九時に刺青部屋に入ります。それから、助手と一緒に一時間半から二時間かけて刺青を描きます。身体にあるほくろや乳首など、目標物を見つけておいて、それを目当てに場所を決めて描いていきます。すぐに参照できるよう、下絵は壁に貼っておきます。

先ほどお話ししたように、油性なので出来上がりの刺青はテカテカしてます。描くはしから、定着させるために、シッカロール、今は汗取りのパウダーをはたいていきます。そして、余分な粉を落としてから、また描いていきます。完成したら、無駄な動きはしないようにお願いします。動いたときに擦れる場所は決まっているので、できるだけそういう箇所は避けて描きますけどね。

その間に、御白州のセットでは、主役以外の撮影が進行しています。御白州のシーンでは上段と下段と言って、これは撮影所用語なのですが、御白州を下から見た側と御白州側から、つまり上から見たほうを別々に撮影するのです。刺青を描いている間は御白州のセットで主役以外、つまり下手側の演技の撮影が進行しています。主役はお昼ごはんを軽く食べて、そして昼一二時からは、遠山金四郎の芝居を撮影します。まずは、刺青の点検をしてから、裃《かみしも》を肌脱ぎにして桜吹雪を見せるシーンから撮影を始めます。約二時間で「これにて一件落着」まで一気に撮影します。

御白州の撮影を終えてから、ラスタチの撮影に入ります。だいたい午後三時か四時頃にラスタチの撮影場所に移動して、町人姿での立ち廻りのシーンを撮ります。

――なるほど、できるだけ描いた桜吹雪を傷めないような撮影の順番になっているのですね。あのう、誰もが聞きたかったことを聞いておきたいのですが、御白州の場面などはまとめて何話分かを撮影しませんでしたか？

毛利：やってみたこともあるけれどね、芝居が合わなくてやめました。ちゃんと一話ごとに、刺青を描いていましたよ。

こうした諸々を繰り返していくと、一〇日間で正味四五分間のテレビ時代劇の番組が一本できます。

そういえば、杉良太郎さんはね、殺陣師の話を聞かずに主演、演出、すべて自分で立ち廻りをやっていて、最初は襖や障子を何枚も蹴破ったもんだ。それで、「遠山の金さん」一話につき破っていいのは障子三枚までに決められた。大道具さんが困っていた。

――ハハ。そういえば、杉良太郎さんの「金さん」を観たら、ある回の大名屋敷での立ち廻りシーンで、杉さんの後ろにある障子がそっと自主的にはけるのを観たことありますよ。壊されちゃ困ると現場の皆さん、思ったんでしょうね。

刺青の落とし方

――それで、撮影が終わったら刺青を落としますよね。

毛利：撮影所の夕食は午後五時です。ですが、だいたい、「メシオシ」いいまして、撮影は午後六時ぐらいに終わります。それから、刺青を落とします。松平健さんは、落とすときに使うのが決まっていてDHCのオリーブオイルを使います。鶴田浩二さんの専用はポンズ。いろいろ工夫して、さくらベンヂンやシャンプーでも落ちるのがわかりました。さくらベンヂンはメイクさんが特注していました(31)。

松方さんの場合ですと、午後六時あたりで一通り撮影を終えたあと、二人で俳優会館の二階にある風呂に行きます。私が先に行って冬場はシャワーで風呂場を温めます。松方さんはメイク室で化粧を落としカツラをとって、衣裳を脱いでから素っ裸で風呂場に来ます。湯船に入る前に、まずはシャワーで身体を温めて毛穴を開いていきます。毛穴にも色が入り込んでいるのでね。その後、コールドクリームで刺青を落とします。そして、タワシにシャンプーをつけて身体中を洗います。松方さんは前側を自分で、私は背中などの刺青を落としていきます。刺青を落としながら「今晩はどこに行きますか?」と、だいたい夜の遊びの予定を決めていきます。撮影は土曜日なので、夜八時ぐらいから夜一二時頃まで、スタッフ一〇名ほどを連れて繰り出すわけです。

一緒に風呂に入るのは松方さんだけで、他の俳優の方は刺青部屋やメイク室で落としました。

――あの、『陽炎2』の公開キャンペーンのためにおこなった、高島礼子さんの肩に刺青を描きながらの公開インタビューで、「描くときは筆をちくちく立てて絵の具を毛穴に入れるようにします[32]」と『産経新聞』などの記者さんたちに述べていますが。

毛利：ああ、それはね、「つもり」です。その気持ちで描く、ということですわ。

筆者は毛利さんの下絵と俳優たちに描く映像を見てから、企画展のために刺青を描く作業の再現を懇願した。しかし、毛利さんは「素人さんには描きませんし、モデルさんが必要です。材料も道具もそろえなければなりません。お金がかかるから」と言って、とうとう叶わなかった。前述の『産経新聞』の記事では、描く様子は次のように表現されている。

「細い絵筆を慎重に扱いながら、花柄模様に黒や赤の色をつけていく。時折、絵筆を口にくわえて指で絵の具をのばしたりするさまは、まさしく〝刺青絵師〟の称号にふさわしい」。

繰り返しになるが、毛利さんには、山田さんをはじめとする元助手たちがいたが、後継者はいない。現在、日本全国で活動する彫師の数は、筆者が把握したところでは、専業で食べている人は少ないものの、三五〇〇名以上はいる(33)。意外に多いと思う人が大半ではないだろうか。

毛利さんの現役時代から原稿執筆時点ですでに一五年近く経ち、映画やテレビ撮影用に刺青を描く撮影所付の絵師はすでにいない。現在は、主にフリーランスにより担われている仕事であり、ネットや撮影所で確認できた技術者は数名にとどまる。毛利さんが編み出した刺青絵師としての技は、「色の秘密は墓まで持っていく」というご本人の矜持もあって、一代限りとなる可能性が非常に高いのである。

第二章　俳優と生きる、撮影所を生きる——スターたちとの交遊

藤純子《じゅんこ》(現：富司純子《すみこ》)さん——京撮の挑戦、京撮の変化

毛利：藤純子さんはね、お姉さんがマネージャーをしていて、最初の『緋牡丹博徒』(山下耕作、一九六八年)で描くときに「純子の肌は誰にも触らせません」と言っていた。それで剣会の連中が助手につけなくて、お姉さんに手伝ってもらいました。だからお姉さんと二人だけで描いたんです。二作目以降になると純子さんも慣れてきて、俳優会館の三階にある刺青部屋で描かれながらスヤスヤ寝てましたね。

『緋牡丹博徒』の企画があがってきたとき、室町で友禅の仕事をしていた頃に描いていた着物の絵柄をもとに、いろいろな花を画用紙にスケッチして、プロデューサーの俊藤浩滋さんや山下耕作監督に見せました。結局、「絵になりやすいし、言葉に出したときに語呂がいい」という脚本家・鈴木則文さんの意見が通って「緋牡丹」となりました。この牡丹も作品ごとに微妙に花の形や大きさを変えてます。

——刺青の図柄について話し合いがおこなわれていたんですね。

毛利：図柄を何にするかをみんなで決めたのはこのときくらいですね。例えば「龍」と決まっていて具体的な図柄をいくつか提案することはあっても、何も決まっていない状態でどうするか、と話し合ったのは『緋牡丹博徒』だけです。やっぱり「女賭博師」という新しい題材だし、何より純子さんに「刺青を」描くわけだから大ごとですよ。女性らしく美しい図柄にしようと思って、まず「花」を思い浮かべました。そこからどんな花がいいかといろいろ考えてみた。背中一面ではなく、肌を見せるのは肩だけだから、桜だと花びらが小さすぎる。小さい花びらをいくつも入れるより、美しく、かつ目立つものを一輪と思って牡丹とか椿の図案を描いてみました。この作品では刺青だけじゃなくて、純子さんの出番がある日は毎回「お竜さん」の襟足も一本一本描いたんですよ。

——毛利さんは美粧にまたがるような仕事もされていたのですか？

毛利：襟足描いたのもこのときくらいです。結髪の人が、「襟足があったほうがいいけど、そんなもの描いたことない」というので、私が描くことになったんです。当然私も初めてでしたけどね。結髪の人に「このあたりまで」と場所だけ指定してもらって描いていました。

京都撮影所には純子さんが作ったものがあってね。あるとき純子さんが便所に入ってたら、ドアが開けられたんだって。それですぐ、俊藤さんに「おとうちゃーん、覗かれた」って泣きついた。そりゃあ、俊藤さんは東映で活躍した大プロデューサーだから。鶴の一声で俳優会館に女性用個室トイレもできたというわけだ。それまでなんと撮影所には女性用トイレがなかったんです。

二七歳、二八歳の女優としてこれからというときに歌舞伎役者[1]と結婚して。歌舞伎役者のおかみさんは大変ですからね。芯の強い女の人だから、我慢できるところは我慢したのでしょうけど。よう彼女、辛抱した。

自分は深夜番組『11PM』なんかにずいぶん出たけれど、あるとき、純子ちゃんと一緒に出ることになって、『緋牡丹博徒』の刺青の話をしようと打ち合わせていた。けれども彼女はすでに、「お竜さん」とは縁を切っているわけです。結局、その話はダメということになって、急遽立ち廻りの話をしました。何度も一緒に道場で稽古をしましたからね。純子さんが使っていたのは帯に挿せるような小太刀。その専門家を呼んできて基本の型を学んで、殺陣師が映画的に直します。娘さんも息子さんもまだ小さかったし、歌舞伎の世界に入ると前のことを伏せないといけない場面もあるでしょうね。

鶴田浩二さん――笑いあり涙ありの「鶴の一声」

毛利：鶴田さんは一〇代で高田浩吉劇団に入って、そのあと二枚目俳優として松竹、東宝、新東宝、独立プロで活躍していたから、私の子ども時代の憧れの存在でした。水際だった男ぶりでね。背格好が同じだったから、代役をやっていた時期がありました。顔がわからんロングショットは僕。近くは鶴田さんが演じる。鶴田さんは台本をいっさい現場に持ってこないんですよ。相手のセリフや動きまで全部頭の中に入っていました。だから待ち時間も台本を見ることがない。一緒に世間話をしていても、「鶴田さん」と呼ばれたらすっと演技をする、そんな人でした。

鶴田さんは海軍少尉で、〔陸軍〕中尉だった池部良さんに頭が上がらなかった。一階級上やから。海軍兵学校では飛行機乗りで、「飛び上がるときより、着陸のほうが難しい」と話してました。関西大学に入学していて、戦争中の話が多かった。非常に博学な人で「今日はゴルフの話でいこか」とか「戦争の話や」とか、あらかじめ話のテーマを決めて、話しながら刺青に取り掛かりました。

――鶴田さんは東映任侠映画を背負っていただけあって、毛利さんが最も多く刺青を描かれた方の一人ではないでしょうか。

毛利：そうだと思いますね。鶴田さんには刺青のスタイルが確立する前から描かせていただいていますから。図柄も全部お任せで、ずいぶんいろんな刺青を描きました。だからたまに、刺青のない役があったりすると寂しくなりました。

――鶴田さんには京都作品だけでなく、『博徒解散式』（深作欣二、一九六八年）や『暴力団再武装』（佐藤純彌、一九七一年）など東京作品でも描かれていますよね。

毛利：『博奕打ち 一匹竜』（小沢茂弘、一九六七年）が終わってからは、「俺の背中は毛利にしか描かさん」と言っておられたようです。「毛利、お前がやれ」というまさに鶴の一声で始まった作品ですが、[2]苦労した仕事だったので嬉しかったですね。この映画で、刺青絵師として生きていく覚悟を決めました。

『一匹竜』は、図柄を決めるのも大変だったんです。人数が多いのもありますが、一番大変だったのは鶴田さん、天津敏さん、待田京介さんへの刺青の描き分けです。鶴田さんのは刺青大会で優勝するような刺青で、天津さんの刺青はその優勝候補、そして待田さんの刺青は鶴田さん演じる彫師が彫るという設定です。だから全部上手くないといけない。そのうえで違いを出す必要がありました。鶴田さんの刺青は「一匹竜」と題材が決まっていましたが、天津さん、待田さんの刺青に関しては台本に具体的な図柄が書かれていなかったので苦労しました。悩んだ挙句、天津さんには「狼の遠吠え」、待田さんには「行者武松の虎退治」を描きました。

――その三人が風呂場で一緒になるシーンがありますね。

毛利：風呂場のシーンは刺青大会のシーンとは別の日の撮影なので、その三人だけ[3]に刺青を描いた日があるはずなんですが、そのときのことはすっかり忘れてしまいました。刺青大会のシーンがあまりにも大変だったので、それ以外のことをほとんど覚えていないんですよ。

――あの全身の刺青を二回も描かれていたのですね。

毛利：刺青のあるシーンがいくつかあると、撮影日が分かれることも多いです。別の作品で鶴田さんに龍を描いたときの話で、大失敗をしたことがありました。細部にこだわる仕事ですから、翌日も描く必要がある場合、きちんとスケッチを残しておきます。ほくろやアザの位置もメモするのです。でも、一日で終わる撮影が後日に残ってしまい、刺青を落としてからスケッチをおこたっていたことに気がつきました。鶴田さんの龍の顔が左右のどちらに向いているか、すっかり忘れてしまったんです。スチールマンが写真を撮っていたのを思い出して、慌てて電話をしたところ、ネガが現像所にあるとわかりました。制作部の進行係に電話して開始時間を遅らせてもらい、ネガを探し出してね。隅についていたフィルム番号で「フィルムの表裏を判別し、」顔の向きをようやく確認できて、すぐに現場に戻りました。鶴田さんは怒りもせずにコーヒーを飲みながら、「良かったな」と笑っていました。

事件というと、もう一つ「ストーブ事件」というのがあって（笑）。俳優会館には全館暖房が付いていたんですが、当時、刺青部屋のある三階はまあ効きが悪かったんです。寒いなあと思っていたときに、たまたま二階の鶴田さんの楽屋の前にストーブが置いてありました。鶴田さんもいなかったし、お茶番さんに「借りてもいいか」と聞くと「大丈夫です」と。だから三階の刺青部屋で使っていたんですね。そしたらなんでか鶴田さんが撮影所に来て、自分の部屋に来たらストーブがない。大問題です。「ストーブはどこや！」と大騒ぎになりました。古いストーブでしたが、思い入れのあるものだったそうです。付き人もまさか毛利が使っているなんて知りませんからね。そうこうしているうちに、どうやらストーブは刺青部屋にあるらしいと。周りもひやひやしていたと思いますが、鶴田さんは「毛利ならしゃあない」と言っていたそうです。この騒ぎをあとから聞いて、すぐにストーブを持って謝りにいきました。すると鶴田さんが一言。「この落とし前はどうするんや」。これは鶴田さんの冗談だったんですが、こっちはもうえらいこっちゃと思ってますから、咄嗟に「明日のお昼、松茸ご飯を用意します」と言いました。すぐに馴染みの店に電話して、翌日何時に届けてくれと。そして次の日、無事松茸ご飯が届いて楽屋に持っていったら、鶴田さんはキョトンとしていてね。でも「ありがとう」と受け取ってくれました。鶴田さんも刺青を描かれるときの気持ちがわかるから、刺青部屋で使うなら仕方ないと思ってくれたんでしょうね。

鶴田さんの訃報は、刺青部屋で仕事をしているときに知りました。京都撮影所の宣伝部を経由して、取材のために私のところにもすぐにテレビ局の人がやってきました。鶴田さんと私とは切っても切れない縁ですから、話していると涙が出てきてね。後日、東京でのお葬式でご家族とも挨拶をしたんですが、奥様と会うのは初めてだったので当然私が誰なのかわからない。そしたら娘の鶴田さやかさんが、「テレビで泣いてた人ですよ」って(笑)。京都で刺青やってる人がいるというのは知ってらっしゃったから、「ああ、この人が」となったみたいです。出棺のときは両脇に一列ずつずらっと並んで、「帽振れー!」の合図でハンカチを振って送り出しました。私らがその様子の分かる最後の世代でしょうが、特攻隊を送り出すときにそうしてたんです。もちろんお葬式では帽子なんて誰もかぶってませんから、代わりにハンカチを振ってね。その光景は今でもよく覚えています。鶴田さんが亡くなって、一つの時代が終わったと思いました。鶴田さんあっての刺青絵師人生でしたから。

美空ひばりさん――夜な夜な遊んだ「ひばり御殿」

毛利：ひばりさんとは大部屋時代に、絡みでよく一緒になりました。ひばりさんがやる役は結構立ち廻りがあるんですよ。絡みのシーンが終わるとその場で何人か、ひばりさんから名前を呼ばれます。それがその日の宴会のメンバーです。ひばりさんは超有名人で、外に出て遊べなかったので、「ひばり御殿」にそうやって私ら剣会の連中をよく呼び集めていました。私らもいろんな素人芸をして、ひばりさんを喜ばせました。祇園や上七軒から芸妓さんも呼んで、宴もたけなわとなると、何か芸を披露した者にはひばりさんから三〇〇〇円の小遣いがもらえました。日給三〇〇円から四〇〇円の手当で斬られ役を演っていた私らにとっては大金です。歌って、飲んで、うまいものを食べて、良かったですよ。ひばりさんが浪花節、小唄、都都逸《どどいつ》などを歌ってくれて、特別なショーを見た心持ちでした。

鶴田浩二さんと初めて会ったのもひばり御殿です。昭和三五（一九六〇）年に東宝から東映に移籍してきたので、ひばりさんへの挨拶とともに私ら剣会にも顔を見せてくれました。

――ひばりさんが東映と専属契約を結んでいたのは一九五四年から一九六三年までです。ちょうど毛利さんが役者の仕事を始めてから本格的に刺青を描くようになるまでの約一〇年間と一致しますが、ひばりさんにも刺青を描かれたことはあったのでしょうか。

毛利：テレビ版『弁天小僧』(4)の仕事で一度刺青を描きました。東京のテレビ局だったので、東京まで行きましたね。それまで時代劇で何度も仕事をしてるし、ひばり御殿にも行っていたから、私が大部屋俳優に刺青を描いていたことは知っていたと思います。ひばりさんはお母さんがマネージャーをしていて厳しかったけど、ひばり御殿でよく顔を合わせていたから「私を呼ぶことに」OKが出たんでしょうね。

高倉健さん――東映任俠・やくざ映画時代を駆け抜けた一〇年

毛利：健さんと最初に会ったのは刺青をやる前。「宮本武蔵」(5)のときです。東映ニューフェイスの二期で入って東京に配属された健さんは、ほとんどが現代劇だったでしょ。だから京都撮影所に来てからは毎日道場で立ち廻りの練習をしていました。私は剣会のメンバーだったから、その稽古を一緒にしていたんです。のちに刺青を描かれるとは思いもしなかったでしょうね。

――「宮本武蔵」で共演されていたのですね。健さんにとっては『森と湖のまつり』(一九五八年)以来の内田吐夢作品ですね。

毛利：そう。『森と湖のまつり』のときは健さんまだ入ってすぐだから、ずいぶん監督にしごかれたらしい。あるシーンで何回やってもやり直し。もう「こんちくしょう」という気持ちでやったら最後の最後にOKが出たと。吐夢さんはその瞬間を待ってたんだな。監督によって鍛え方は違うけど、吐夢さんはそういう人でした。それがあったから「宮本武蔵」では安心してやれたんだと思いますね。

――ちょうどその頃から東映任俠映画路線が始まります。健さんにとっても毛利さんにとっても一つの分岐点ですよね。

毛利：健さんとは年齢も一緒、東映に入った年も一緒なんです。任俠映画で健さんはスター街道まっしぐら、私は刺青をやるようになりました。だから何ていうかな、もちろん立場は違うんだけど、健さんとは同じ時代を生きたという気がしますね。

――健さんには『日本俠客伝　血斗神田祭り』（マキノ雅弘、一九六六年）以降、多数の作品で刺青を描かれていますね。

毛利：健さんが東映を離れるまでの約一〇年間は、よく描かせていただきました。「毛利ちゃん、写真撮っていいよ」と言われたので、写真もたくさん撮らせてもらいましたね。『一匹竜』のとき、刺青の写真を残したくて望遠レンズを買ったんですよ。［健さんの写真を何十枚か広げながら］こんな感じでね、撮った写真を健さんに見せて、ＯＫがでたものを大きく伸ばして刺青部屋に飾ってました。オフショットもたくさんあります。

――こうして見てみると、やっぱり健さんには不動明王の刺青が多い印象ですね。「日本俠客伝」シリーズをはじめ、『日本女俠伝　俠客芸者』（山下耕作、一九六九年）や『博徒一家』（小沢茂弘、一九七〇年）、『ザ・ヤクザ』（シドニー・ポラック、一九七四年）でも不動明王の刺青だったと思います。

毛利：健さんは不動明王が好きでね。不動明王だけでも十数枚描きました。立像だったり坐像だったり、まわりの火炎も毎回違います。私は炎とか雲とか波とか、もう二度と同じ形があらわれないものに惹かれるんです。だから例えば焚き火の映像なんかをテレビで見ていて、いいなと思う瞬間があったらすぐにスケッチしてました。そうやって図案を貯めてましたね。

健さんは時折滋賀にあるお寺(6)で滝行をしていた。そのお寺の本尊が不動明王で、健さんにとってはお守りのような存在だったんでしょう。あるときは不動明王のペンダントを作るということで、その図案を描いたこともあります。周りのスタッフの分も含めて三〇個くらいだったかな。裏にはそれぞれの家紋を入れようとなって、渡す予定の人に家紋を聞いてまわりました。私も一つ、裏に「下がり藤」の入ったペンダントを持っています。

――健さんの刺青といえば、「昭和残侠伝」シリーズの「唐獅子牡丹」も代表的な図柄ですよね。

毛利：やっぱり「残侠伝」の「唐獅子牡丹」は特別ですね。六本撮って、これも全部少しずつ図案を変えてます。刺青の色というのは基本が墨と紅だけれども、肌が焼けていると画面で映えないから、牡丹の色にピンクや白を入れるようになりました。

――「残侠伝」はシリーズですから、すでに「唐獅子牡丹」という図柄は決まっていたと思います。毛利さんが担当されるのは四作目の『昭和残侠伝　血染の唐獅子』（マキノ雅弘、一九六七年）からですが、どのように具体的な図柄を考えていかれたのでしょうか。

図 11 『昭和残侠伝 死んで貰います』（1970 年）より
高倉健への刺青下絵「唐獅子牡丹」

毛利：実は『昭和残侠伝』（佐伯清、一九六五年）が始まったときから、自分だったらこう描くな、という図案を考えてたんですよ。他の作品[7]で描く機会もありましたからね。『血染の唐獅子』で話が来たときには、「参考にしてください」と前作までの刺青のスチルをもらいました。もちろん本職の人[8]だから上手です。ただ、自分のなかでの唐獅子といったら、お寺の襖に描かれているようなもの。だから、自分がいいなと思うような図柄を探して、それを参考にアレンジしました。

――「残侠伝」は東映東京作品ですよね。その当時、京都からスタッフが東京へ行くことは珍しかったのではないですか。

毛利：本当に珍しかった。新幹線といっても今より時間がかかったしね。［京都］撮影所を朝早く出て、お昼くらいに東京に着く。剣会の連中を何人か連れていって、みんな刺青［助手］と立ち廻りの二役です。東京には刺青部屋なんてないから、刺青は健さんの部屋で描きました。部屋に入って、刺青の下絵を見せて、「これでいきます」と言ってから始めます。ところが大変。健さんはじっとしてるのがあんまり得意じゃないんですよ。私と助手で刺青を入れていって、下書きができたら「ちょっと一服しよう」とコーヒーブレイク。始まってまだ三〇分も経ってない。本格派だからインスタントじゃなくて専用のマシーンが置いてあって、小さいカップに淹れて何杯か飲む。その間は、立ち廻りはどうするかとか、今度仕事が終わったらヨーロッパへ行くとかいろんな話をする。それが四〇分くらい。刺青を描いている時間よりちょっと長いんだな（笑）。そのあと三〇分くらい描いたらまたコーヒーブレイク。これを三回くらい繰り返すわけです。昼過ぎから描き始めて、仕上がる頃にはもう夕方。そこから殴り込みの撮影が始まって、終わったら日が上がっている。「残侠伝」の仕事は毎回徹夜でしたね。

――そのスタイルは京都作品でも？

毛利：京都では一時間くらい頑張ってもらって、コーヒーブレイク。健さんもここは京都だからと我慢してはったと思う。だから休憩は二回ほど。東京でやるよりも、ちょっと早く描き終わります。

京都に来たら健さんは俳優会館の二階にあるスターさん専用の控え室を使っていて、刺青も健さんの控え室か刺青部屋かのどちらかで描いてました。健さんはオシャレで衣裳が多い。東京から車にいっぱい衣裳を積んで京都に運んでもらっていました。ところが楽屋一室では場所が足りない。たまたま隣の部屋が空いていたので、人が一人通れるくらいの穴を壁に開けて繋げたんです。一室は控え室、もう一室には箪笥をいくつも入れて衣裳部屋として使ってました。七六年に健さんが東映を辞めてもずっと部屋はおいてあった。いつか帰ってくるだろうと残してあったのかもしれないな。私が八〇歳で刺青部屋を出たとき、健さんの部屋もなくなって、部屋は元どおり二つに分かれました。

俳優会館四階には道場がありましたが、ジムを作ったのは健さんです。大阪のミズノから本格的な器具一式を入れて、身体づくりをしてました。若い俳優たちもよく利用していて、現在もそのままです。

――衣裳といえば、毛利さんはよく健さんにゆかりのものを身につけておられるような気がします。

毛利：健さんにはいろいろなものをいただきましたね。気に入ったものがあるといつも大量に購入して周りの役者やスタッフに配っていた。あるとき東京で刺青を描いていたら軽トラが来て、付き人が行ったら伊勢丹から毛皮のコートが三〇着ほど。部屋に運ばせて、「毛利ちゃんどうぞ」って。健さんが着ていたのはほとんど外国製のものでしたね。生地もしっかりしていて型も斬新でした。もう五〇年くらい経っているのに、今でも健さんにいただいた服を着ています。

若山富三郎さん――刺青好きの名役者

毛利：若山さんには「極道」シリーズや「極悪坊主」シリーズなど、たくさん刺青を描きましたね。若山さんは刺青が好きで、台本になくても「ここで刺青を入れる！」と監督やプロデューサーに提案していました。だから全然脱がなくてもいいシーンで上半身裸だったりする（笑）。逆に刺青の仕事がないときは、「先生、何か出番を作ってください」とお願いすることもありました。「極道」シリーズがそうで、若山さんは「そうか、ヨシ、わかった」とさっそく台本を読んで、どのシーンで刺青を入れるかを考えてくれました。アイデアがポンポン出てくる人だったから、あっという間に決まるんですよ。それで、ドスをくわえた女の生首を胸に入れることになったんです。

——みんなきっちり服を着ているのに、なぜか若山さん演じる島村親分はダボシャツの前を開けていて刺青が見えるんですよね。シリーズ一作目『極道』（山下耕作、一九六八年）のオープニングからそうですが、胸に入れた「生首」の刺青を見せて歩く様子は、島村のコミカルなキャラクターをあらわしているように思います。

毛利：寒い季節だから他の人はコート着たりマフラー巻いたりしてるのに、おかしいんだよ（笑）。でも胸に生首ひとつというのは刺青的にも面白いし、目立つ。それに背景がないから描きやすい。背中の刺青を見せるとなれば演出も変わってくるから大ごとだけど、胸なら服の前を開けるだけでいいですからね。映画の予算は決まってるから、本当はあとから刺青を追加するのは難しいんです。それを若山さんが、「生首の予算を採れ！」と、直接プロデューサーにかけあってくれました。

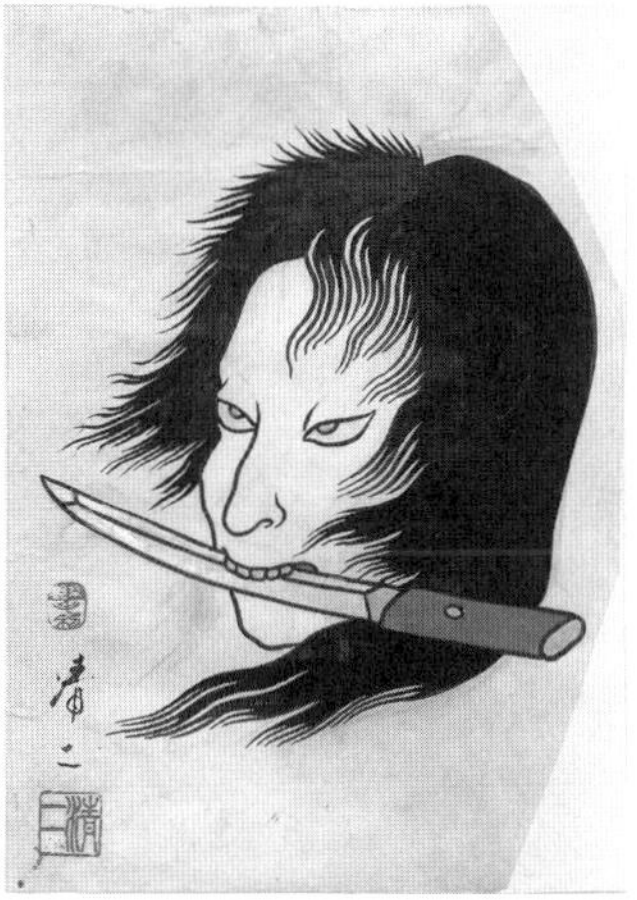

図 12 『極道兇状旅』（1970 年）より
若山富三郎への刺青下絵「生首」

刺青好きが高じて、「刺青カレンダー」を作るという話が出たこともあったんですよ。月ごとに違う刺青をした若山さんの写真が載る仕様で、そのうちの一枚は外国のヌードモデル数名をバックに撮りたいと。けれどもたまたま健さんに相談したら、「ちゃんと予算を確保してからじゃないと」と現実的なアドバイスをされたみたいで、その話は白紙になりました。もし本当にやっていたら面白かっただろうな。

――若山さんは殺陣の名手と言われていますが、刺青だけでなく、立ち廻りのシーンでも一緒になることがあったのでしょうか。

毛利：絡みはしょっちゅうやりました。若山さんの立ち廻りは「間の立ち廻り」と言って、「片岡」千恵蔵さんや「中村」錦之助さんと一緒で芝居が入るんです。息が合わないとできないから、本当に大変。一番難しいですね。立ち廻りのなかで間をおくというのは、セリフみたいなもんです。激しく動いて止める。ちょっとやったら止める。長くやって止める。いろいろなパターンがあります。まずは殺陣師が基本の型をつけて、若山さんが間を作る。最初のテストでは流してやってみて、次のテストでは芝居が入ってきます。こっちはそれに合わせて立ち廻りをしなければなりません。だから気心の知れた絡みが必要なんです。

若山さんの立ち廻りは日本でナンバーワンだと思いますね。特に棒術をやらせたらすごい。「極悪坊主」は六尺棒を使う立ち廻りが多いんですが、見事です。主役でトンボを切るなんて、スターさんでそんなことできるのは若山さんくらいじゃないかな。「弟の」勝新太郎さんも立ち廻りが上手いけど、「座頭市」では若山さんがアドバイスをしたと言っていました。(9)

――それでは刺青でも立ち廻りでも、多くのお仕事を一緒にされていたのですね。

毛利：宴会も山ほどやりましたよ。若山さんはお酒を飲まないから、宴会といったら出し物です。

最初の頃は岡崎のほうに自宅があって、よく遊びで西部劇の芝居をしてました。一時間くらいやったらへとへとです。私が通っていた、カラオケのできる飲み屋も結構行きましたね。若山さんはずっと長唄をやっていたから独特の節回しで、ブルースなんかを歌っても味があって上手いんです。だから若山さんの前で歌うのはちょっと緊張しました。ある時期には衣裳部に「若山一家」の法被を作ってもらって、宴会のたびに着てました。周りには常に人がいて、賑やかなことが好きな人でした。

北大路欣也さん——俳優会館での刺青裏話

毛利：ちょうどこの間、写真を整理していたら子役時代の欣也さんと一緒に写っている写真が出てきました。私もまだ東映に入ってすぐの頃だったと思います。近衛［十四郎］さんが東映に来られて付き人をするようになるまで、私は「［市川］右太衛門派」だったんですよ。当時は北の御大・右太衛門さんと山の御大・［片岡］千恵蔵さんの派閥があったんです。私はマキノ真三さんの紹介で東映に来たでしょ。マキノさんは京都で仕事をするとき、ホテルや旅館に泊まるんじゃなくて、どこかに下宿してたんです。その家は結構大きかったみたいで、他にも下宿をしていた人が何人かいたらしい。そのうちの一人が、右太衛門さんの出る映画をプロデュースしていた坂巻辰男さんでした。「旗本退屈男」シリーズの企画をやってた人です。マキノさん繋がりで坂巻さんと知り合ったんですが、坂巻さんは将棋が大好きでよく一緒にやってたんです。だから右太衛門さんの映画にはよく出させてもらっていて、その関係で［右太衛門の次男である］欣也さんとも同じ作品に入っていたわけです。

——北大路さんにものちに、『仁義なき戦い 完結篇』（深作欣二、一九七四年）や『新・極道の妻《おんな》たち 覚悟しいや』（山下耕作、一九九三年）などで刺青を描かれていますね。

毛利：数回ですが描きました。欣也さんはまさに清廉潔白、長く撮影所にいても悪い噂なんて一度も聞かないような人でね。そのイメージもあってか任侠映画は少なくて、最初は時代劇のほうが多かったと思います。だから刺青を背負っているような役がなかなかなかったんですよ。『新・極道の妻たち 覚悟しいや』のときは背中一面に「龍」の刺青を描きました。台本を見ると日本ではなく香港で生活をしてる人物の役で、香港といえばドラゴンだなと。なので、同じ龍でも『兄弟仁義』（山下耕作、一九六六年）や『一匹竜』での図柄とは違って、ちょっと外国風に見えるような図柄にしています。たしかこの作品だったと思うんですが、実は欣也さんと私だけの秘密があって。もう時効と思ってもらえますかね。刺青を落とすときは、だいたい俳優会館の風呂場で体を洗います。ただこのときは寒かったし、もう夜遅くて、他には誰も入ってこない。だから普通なら洗い場で刺青を落とすところを、終わったらお湯を抜けばいいやと思って、二人で湯船に浸かりながら落としたんです。コールドクリームだけだと完全には落ちないので、ベンジンも使ってね。そしたら、やっぱりベンジンって刺激が強いんでしょうね。ベンジン入りの湯

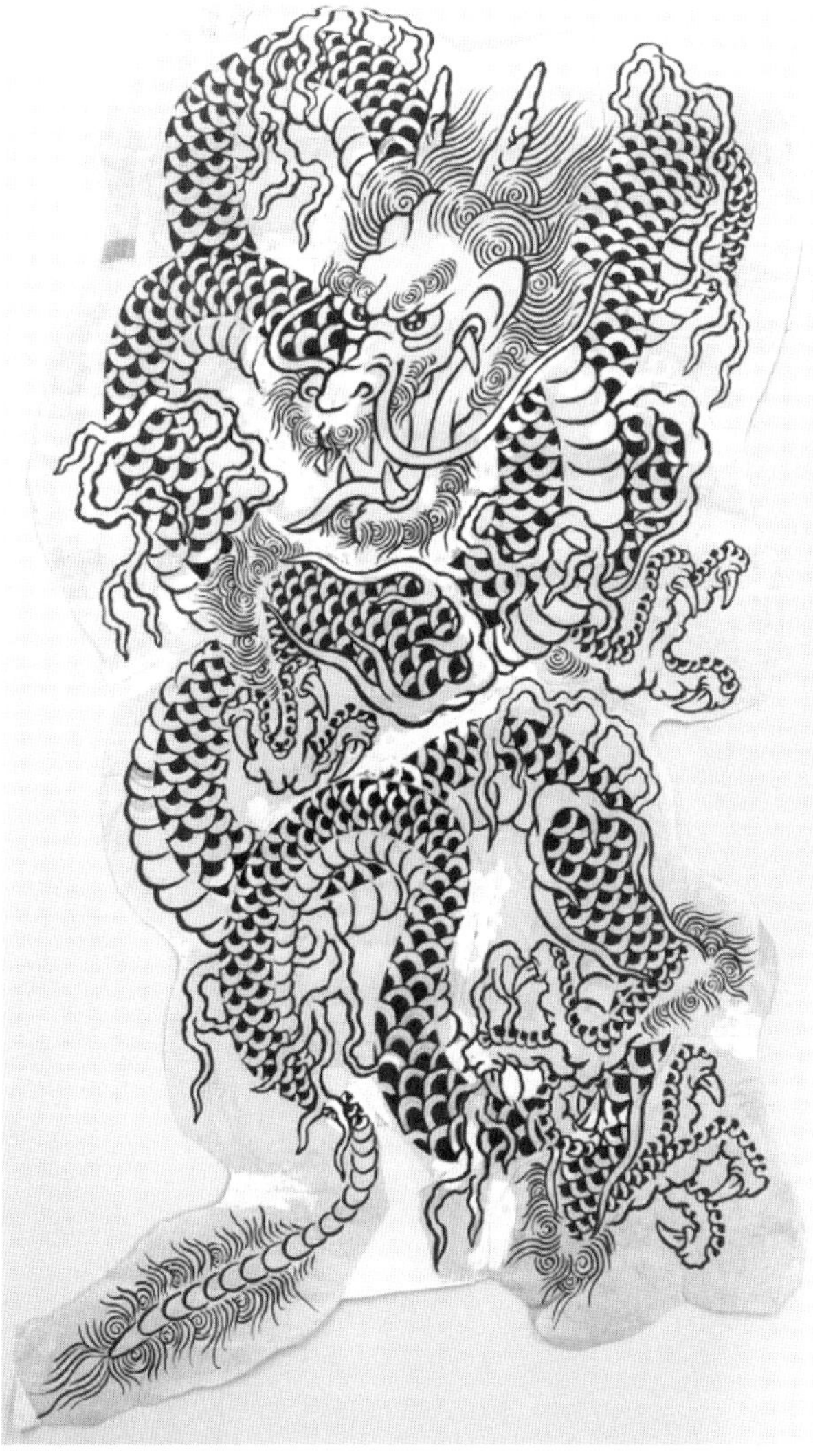

図 13　『新・極道の妻たち 覚悟しいや』（1993 年）より
北大路欣也への刺青下絵「龍」

船に浸かったもんだから、翌朝起きたら身体の一部がピリピリしてたんです。おそらく欣也さんもそうだったと思うんですが、そんなこと誰にも言えないでしょう。だからすれ違ったときに目を合わせてニヤっと笑ったことを覚えています。

欣也さんにはこの前撮影所で久しぶりにお会いできて、嬉しかったし懐かしかったですね。先ほど話した昔の写真を持っていったら「こんなのあったの」と驚いていました。あれから六五年くらい経っているわけで、お互い歳をとったもんです。でもまだ現役で頑張っていただきたいですね。

松方弘樹さん――裏街道をいくお兄ちゃん

毛利：松方のお兄ちゃんは最初歌手志望で東京にいたんだけど、弟弟子の五木ひろしさんがあまりにも上手くて役者に転向したんです。［父親の］近衛十四郎さんが東映に来てしばらく経った頃だったかな。最初の現代劇[10]のときはまだ面識はありませんでしたが、近衛さんの付き人をしていた関係で、兄いが京都で撮影するとなったら現場に行ってました。たしか、［北大路］欣也さんと共演していた『花笠ふたり若衆』（佐々木康、一九六一年）が最初だったと思います。兄いと欣也さんは学年も一緒で、どちらもお父さんが有名な役者さんだから「ライバル関係」と言われてね。まあ欣也さんが王道の東海道なら兄いは裏街道を行くタイプ。東京行くのも新幹線ならビュンと一本だけど、松方さんの場合は山陰線乗って各駅停車でぽつぽつ何かを落としてきて、東北周りでやっと到着だ（笑）。でも裏街道には裏街道の良さがあるんです。

——まさに真逆のタイプなのですね（笑）。『花笠ふたり若衆』の頃だと松方さんはまだ一八歳で時代劇も二本目かと思いますが、やはり最初は立ち廻りの稽古でご一緒されたのでしょうか。

毛利：いや、松方さんの場合は現場の付き人みたいなもんですね。いわゆる荷物持ちです。近衛さんにお世話になってましたから、その息子の松方さんが京都に来るとなれば、やっぱり放っておくというわけにはいきません。そこからが長い付き合いで、その頃私はお正月の興行も近衛十四郎劇団として毎年出ていましたから、当然兄いとも一緒でした。[11] 近衛さんの巡業は、まず歌謡ショーから始まって、だいたい「国定忠治」か「宮本武蔵」を題材にした舞台を三、四〇分、最後に立ち廻りのショーという構成でした。その前歌の部分を松方のお兄ちゃんとか西田佐知子さん、山東昭子さんらがやっていたんです。

兄いと近衛さんは本当に趣味がよく似ていてね。鉄砲も釣りも父親譲りです。あとは鯉。二人とも鯉には凝ってました。近衛さんの自宅には人工の池がありましたし、兄いは俳優会館のそばにある池を鯉のために改造してましたね。拡大して浄水装置もつけて、一時期立派な鯉が何匹か泳いでいました。池の近くに木があって葉っぱが落ちてくるから掃除も大変ですが、俳優の世羅豊さんがよく世話をしてましたね。今でも池は残ってます。

——鯉といえば『姐御』（鷹森立一、一九八八年）では松方さんに「真鯉」の刺青を描かれていま

図14 『姐御』（1998年）
準備風景（毛利さん撮影）

すが、もしかして松方さんの「鯉好き」とも関係するのでしょうか。

毛利：『姐御』は最初から台本に鯉の刺青と指定があったと思います。[12] 鯉の刺青は『仁義なき戦い』（深作欣二、一九七三年）でも描いてますが、あれはモデルとなった美能幸三《みのこうぞう》さんが入れてた刺青と同じもの。だからちょっと変えようと思って、松方さんに分厚い鯉の本を借りました。そこには品評会で賞を取るような立派な鯉の写真がたくさん載っていて、そのなかからいいと思った鯉を参考に刺青の図柄を考えたんです。返そう返そうと思いながら、その本はまだ自宅の本棚にあると思いますね。刺青を描き終わったとき、お兄ちゃんは刺青部屋にあった合わせ鏡を見ながら「ちょっと太りすぎや」と言ってましたが、これは映画用の刺青ですから。痩せてるよりちょっと太ってるくらいのほうが、迫力があるし、貫禄のある役に合ってると思います。

――鯉の刺青にそんな逸話があったとは。たしかに『仁義なき戦い』[13] の鯉に比べると、ちょっとふっくらしていますね。松方さんには『兄弟仁義』や『県警対組織暴力』（深作欣二、一九七五年）

図15　『姐御』より松方弘樹への刺青下絵「真鯉」（右）
図16　同作より黒木瞳への刺青下絵「緋鯉」
黒木、松方が演じる夫妻は揃いの「鯉」の刺青を入れている。

などでも背中一面に刺青を描かれていますが、なんと言っても『修羅の群れ』（山下耕作、一九八四年）での緻密な「八犬伝」の刺青は圧巻です。

毛利：あれは実録作品で、主人公のモデルとなった稲川聖城《せいじょう》さんの刺青を参考に描きました。『仁義なき戦い』もそうですが、刺青も「実録」なんですよ。映画が公開されてから、松方さんのファンだという画家がその刺青の図柄を油絵にして撮影所に持ってこられてね。松方さんはずっと、その絵を自分の楽屋に飾ってました。

――一九八八年からはいよいよ『名奉行 遠山の金さん』（テレビ朝日）が始まります。松方さんのシリーズは一九九八年まで約一〇年間続いて、歴代金さんのなかでは最長ですよね。

毛利：松方さんの「金さん」が始まるとき、大川橋蔵さんの『銭形平次』（一九六六―一九八四年、フジテレビ）が持っていた全八八八話というテレビドラマの最長記録を破ろうと話していたんです。クランクインする前にはずいぶん「片肌脱ぎ」の稽古もしてね。「歌舞伎調にしたらいいんじゃない」と私もアイデアを出しました。離婚問題がなかったらもっと続いて、『銭形平次』の記録を破っていたかもしれない。でも、家庭円満あってこその「金さん」なんですよ。やっぱりテレビはスポンサーで成り立ってますから、イメージも大事。これぱっかりは仕方ありません。［当時の妻の］仁科亜希子さんは、「金さん」で刺青を描く前日には松方さんが酒を飲まなかったから、本当に喜んでたんですけどね。「毎日が御白州だったらいいのに」と言ってました（笑）。私も二日酔いで筆先がふるえたりしたら大変なので、刺青の仕事がある前日は飲みませんでしたね。「金さん」をやってるとき、私は映画村の所属だったんですが、兄いには映画村の仕事でも力を貸してもらいました。当時、呉服屋さんが地方で「お見立て会」をするのに、映画村がイベントの企画を請け負っていて、私はその段取りをする担当だったんです。そのお見立て会に歌謡ショーを組み込むということで、松方さんにも何度か歌をお願いしてました。ちょっとした旅行のように「よっしゃ、行こう」と快く引き受けてくれましたね。映画村を退職してからは、「時間ができただろう」と言われて、刺青の仕事がないときに一ヵ月ほど松方家の「男衆」をしたこともあります。お子さんたちを幼稚園に迎えにいって、プールに連れていったり習い事の送り迎えをしたりしてました。松方のお兄ちゃんとは、近衛さんの代から公私にわたる付き合いでしたね。

渡瀬恒彦さん——生粋の東映俳優

毛利：東映に本当に忠誠を尽くして、皆勤賞をあげたいくらいの人ですね。ジープで京都に来て、撮影のない半年間は「毛利ちゃん、車預かっておいて」と言って鍵を預けていく。車ってのは放っておいたらダメで動かさないといけないから、撮影所に着いたら毎日エンジンをかけてました。なかなか運転できる時間がなかったので、ゴルフへ行くときなんかもチャンスとばかりに乗ってましたね。

渡瀬さんとは飲みにいくというようなことはなかったけれども、なぜか気が合ったんです。服の趣味なんかも似てました。あるとき、高倉健さんからもらった千鳥格子のハンチングをかぶっていたら、いきなりバーンと取って自分の帽子と取り換えた。「今着ている千鳥格子の柄のジャンパーに合うから」と言ってね。これには参りましたわ。渡瀬さんは健さんのことを尊敬していて、健さんの控え室に行くと直立不動。私がでんと座っていて、健さんが「椅子にかけたら」と言っても、「私はこれでいいんです」と最後まで立ったままでした。でも、そのハンチングが健さんからいただいたものだというのは言ってません（笑）。

——渡瀬さんには『学生《セイガク》やくざ』（清水彰、一九七四年）や『実録外伝 大阪電撃作戦』（中島貞夫、一九七六年）などで刺青を描かれていますね。

毛利：そうですね。何回か刺青を描きましたが、一番印象に残っているのはテレビでやった『傘次郎・新子捕物日記』です。渡瀬さんと原田美枝子さんの背中一面に河童の刺青を描いたんですよ。二人が水辺を真っ裸で走るシーンがあって、ロケーションで撮影したのを覚えています。

――「時代劇スペシャル」の『傘次郎・新子捕物日記 夫婦河童』（一九八一年、フジテレビ）と『傘次郎・新子捕物日記 夫婦十手』（一九八二年、フジテレビ）ですね。原作ものとはいえ河童の刺青は珍しいと思うのですが、どのように図柄を考えられたのでしょうか。

毛利：まずは原作での刺青を確認して、イメージをつかみました。この作品のように参考資料があるとやりやすいんですよ。それを刺青風にアレンジするんですが、水中に入ったときに河童が泳いでいるように見えるよう、曲げた脚をお尻のあたりから太腿にかけて描きました。渡瀬さんのほうの河童には、捕物帖ということで十手をくわえさせています。素っ裸のシーンも多くて、今ならテレビでこういう作品を撮るのは難しいでしょうね。

高島礼子さん――一人前になった「観音菩薩」

毛利：礼子さんはデビュー作の『暴れん坊将軍』(14)で京都撮影所に来ていて、その頃は特にご一緒することはなかったんですが、若い女優さんで立ち廻りの上手な人がいると剣会のメンバーから聞いてました。実際にお会いしたのはそれからしばらく経ってから、『陽炎2』（橋本以蔵、一九九六年）のときです。〔「陽炎」シリーズ〕二作目の話がきて、主演は誰かと思ったら礼子さん。あの御庭番をやってた人が今度は映画の主演として京都に帰ってきたわけです。

「陽炎」は、西岡善信さんが大映倒産後に立ち上げた映像京都が関わってて、事務所も映像京都のほうにありました。ややこしいのが、この映像京都は大映の撮影所が閉鎖されてから、松竹の撮影所内に間借りをしてたんです。最初の打ち合わせのときに、たまたま松竹の入り口で礼子さんを見かけたんですが、そんな事情を知らないからか松竹の建物のほうへ歩いていった。だから、「「陽炎」は映像京都のほうですよ」と声を掛けました。それが最初の出会いですね。

これが礼子さんにとって初めての任侠映画だったので、〔藤（富司）〕純子さんにそうしたように、「仁義を切るときは必ず左足から入り、四歩進んで半歩下がること。足袋は絶対に履いてはいけない。畳の縁を踏むな。親分の家に行ったら、決して座布団に座るな」など、数々の作法としきたりを伝えました。それに博奕に使う花札の扱い方も教えましたね。

――『陽炎3』（吉田啓一郎、一九九七年）では、おりん（高島）が敵対する大橋組の男に商売道具の右手を刀で突かれて、左手で花札を切るシーンがあります。これも含めて博奕のシーンは吹き替えなしでやっていたのですか。

毛利：博奕のシーンは［一作目の］樋口可南子さんのときからすべて吹き替えなしです。二人とも飲み込みが早くて器用でしたよ。礼子さんは新幹線のなかでも花札を操る練習をしたと言ってました。みるみるうちに上手になって、最後のほうは私よりも慣れた手つきでしたね。

——そこから「陽炎」シリーズは四作目まで続いて、高島さんは東映ビデオの「極妻」シリーズでも任侠映画の世界に入ることになるのですね。[15] ところで、毛利さんが出された自伝の表紙にあるのは、背中に「観音菩薩」の刺青を背負った女性の写真です。これは『陽炎4』(井上昭、一九九八年)での高島さんだと思うのですが、やはり思い入れのある刺青だったということでしょうか。

毛利：自伝の表紙にどの刺青の写真を持ってくるかは本当に悩みました。刺青は山ほど描いてきましたし、写真もたくさんありましたからね。鶴田さんの「一匹竜」にしようか健さんの「唐獅子牡丹」にしようか、ずいぶん考えました。でも、もともと仏画が好きで得意だったというのもありますが、「陽炎」の「観音菩薩」でようやく自分の刺青に納得がいったんです。いつも描き終わると反省ばかりで完璧だと思ったことは一度もないのですが、それでも、ある程度満足できるようになったのが「陽炎」での「観音菩薩」でした。それに礼子さんも「陽炎」でスターになりましたからね。礼子さんも私も一人前になった作品ということで、ちょうどいいと思って自伝の表紙にはあの写真を選びました。

今年［二〇二四年］の夏、四条大宮で展覧会をやったときに、関西で仕事のあった礼子さんがわざわざ会場に寄ってくれて約二五年ぶりに再会できました。その少し前に撮影所で高橋克典さんに挨拶する機会があったんですが、展覧会のことを礼子さんに伝えてくださったらしい。いや

図17 『新・仁義なき戦い／謀殺』（2003年）より
渡辺謙への刺青下絵「唐獅子牡丹」（右腕胸）、「龍」（左腕胸）

あ、嬉しかったですね。

渡辺謙さん――映画最後の仕事

毛利：渡辺謙さんには『新・仁義なき戦い／謀殺』（橋本一、二〇〇三年）で刺青を描きました。ある日、「今度の作品で刺青があります」と演技事務の人に言われて台本を見たら、「刺青」の文字がどこにもない。誰に入れるんだと聞いたら渡辺謙さんだと。だから直接謙さんのところへ行って、「刺青の設定がないけど何を入れましょう」と聞きました。そしたら「任せます」とのことだったので、勇ましい刺青をと思って、背中から太腿に「火炎不動」、肩から腕には左右にそれぞれ「龍」と「唐獅子」を描きました。刺青のシーンはロケーションだったんですが、撮影所で全身に刺青を描いてから移動となるとどうしてもお尻や太腿のあたりが擦れてしまいます。だから撮影所ではお尻までを描いて、ロケ先でお尻から下を描きました。大きな民家での撮影でね、刺青描くのにそこの一部屋を貸してもらいました。

――これが映画で刺青を描いた最後の作品になるのでしょうか。

毛利：そうです。胸に描いた「牡丹」も含め、図柄はすべて思い入れのある力作ばかり。まさに集大成ですね。全身の作品ですし、今や「世界の渡辺謙」に描かせてもらったわけですから、有終の美を飾ることができたと思います。

今年の五月に撮影所で謙さんにお会いする機会があって、「最後の作品が僕で良かったです」と言ってもらえました。最高の言葉でした。

図18 『新・仁義なき戦い／謀殺』（2003年）より
渡辺謙への刺青下絵「不動明王」（背中）

コラム　俳優・高橋英樹さんに聞いた「刺青」を描かれること

毛利清二が刺青を描いた俳優は二〇〇〇名以上[1]。それでは描かれた側の俳優はどのようにその技を「体感」したのであろうか。俳優側代表として、高橋英樹さんに二〇二四年七月二三日にインタビューした。高橋さんは、二〇二四年五月から七月末までおもちゃ映画ミュージアムで開催した「毛利清二の世界 映画とテレビドラマを彩る刺青展」の冒頭に推薦文を寄せたほど、毛利とは親しい関係である。

刺青を背負った役柄としては、一九八二年四月から一九八六年九月まで二シリーズ計一九八話放送された『遠山の金さん』の遠山金四郎役、二〇一〇年六月に放送されたテレビドラマ版『鬼龍院花子の生涯』の鬼龍院政五郎役（刺青は般若）が主となる。高橋さんの話は、古き良き時代から、やがて日本の映像づくり現場への懸念につながっていった。

日本の映画・テレビドラマ業界について「最近の俳優さんは映画・テレビドラマが撮れなくなって、タレントの仕事をしている」との毛利からのコメントの裏づけとなるお話であった。

――毛利さんとは、どのようなおつきあいだったのですか？

高橋英樹さん（以下、高橋）：一緒にゴルフに行ったこともあるし、自宅に伺ってご家族にも会ったことがありますよ。

――お仕事の現場では、毛利さんはどうでした？[2]

高橋：「動くな」と言われました。キャンバスがでかい、と文句言われましたよ（笑）[3]。

――描かれる姿勢はどうでした？

高橋：描く人にちょうど良い高さの丸椅子に座って、前に両手を広げるようにして動けない[4]。『遠山の金さん』の桜吹雪は、半身描くだけですが三時間から四時間［かかる］。ある種の修行で、もう坐禅組むみたいなものです。ちょっと動くと、毛利さんから「休憩するか？」とか声をかけられるけど、首も動かせない。眠るわけにもいかなくって、もうテレビを観てるか、おしゃべりするしかない。

　刺青を描かれるのは、痛くはないけど、絵の具を手で延ばされるから、くすぐったいんですよ。脇腹から、背中から、前から、あちこちから手がでてくる。描くほうも大変だよね。

　でもね、毛利さんの刺青絵は美しいんですよ。毎回描きますけど、色彩的にも美しい。染め物の世界です。濃いところから筆で描いて線の輪郭を手で一つひとつぼかすから、きれいなんです。でも時間がかかる。歌川広重の「波」にも通じるものがありますよね。

――描く日のスケジュールはどうでした？

高橋：朝六時から始めて、一〇時ぐらいに刺青が終わります。それから、衣裳をつけて、カツラをかぶって、メイクをして、チャンバラで懲らしめる相手をお白州に並べて、まとめて撮影します。そして、今度は着替えて、町人のカツラをつけて、と、撮影のスケジュールすべてが刺青優先なのです。あるとき刺青を描かれたことのない悪役の俳優に、「なんだあいつ、主役だからって後から来て。俺たちは朝から最後までずっといるのに」と文句言われたこともありました（笑）。

　任侠映画で刺青のある役が多いと大変です。毛

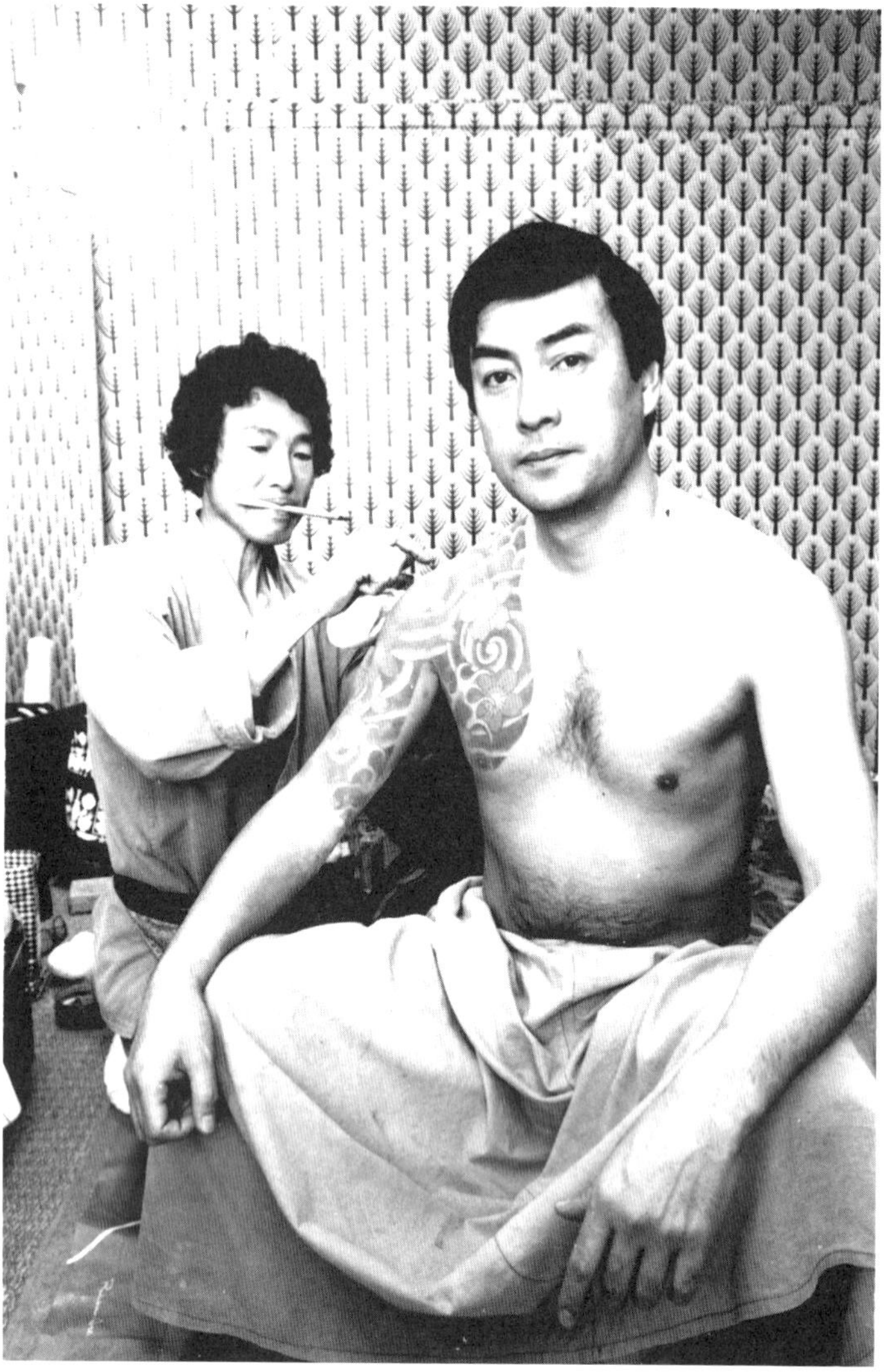

図19 『遠山の金さん（高橋英樹）』（1982年）準備風景

利さんは前の晩から徹夜で俳優たちに描いて、鶴田浩二さんや高倉健さんは朝に描く。「寝るな。起きてろ」と言われてね。じっとしてなきゃならない。あの当時［一九六〇―一九七〇年代］、刺青を入れてある役が多かったから、毛利さんも刺青の題材となる絵を見つけたりするのは大変だったと思うけど、これも絵の才能があってこそです。

――夏場はスタジオ内が照明で五〇度近くになったと聞きましたが。

高橋：東映のスタジオは土のスタジオで、冷房はあるにはあるのですが、二週間で土ぼこりを吸って壊れる。仕方なく、汗をかかないように、真夏には自分のリアカーに小型クーラーを積んで、衣裳の袖口からホースで冷気を入れてガッと冷やしたのだけど、今度は冷やしすぎて四十肩、五十肩、七十肩になる。冬のスタジオは「ガンガン」って、ドラム缶に炭火を焚いたものぐらいしか暖房がなくて、寒いんですよ。

――蒸しタオルは体験したことはありますか？

高橋：あります。蒸しタオルを当てると、刺青の色が鮮やかになる。粉が取れて、シャープな色になる。毛利さんだけの技法があって、毎回描く刺青は大まかなところは絶対に変わらない。たまにアシスタントの人のぼかし方が違うぐらい。他の絵師さんも、下絵をみて、自分の感性で描かれるから、毎回違う。

――毛利さんとは舞台のお仕事でもご一緒されたそうですが。

高橋：『男の紋章』と『遠山の金さん』どちらも特別に描いてもらって、ポスターをつくりました。

――刺青を描かれると、役柄を演じるうえで気分が変わりますか？

高橋：そうですね。俺は強くなれたと思うでしょ。刺青を背負っていることで、精神的に強くなれる。ガマンすることができる男の強さというか。刺青というと、何でもやくざとくっつけちゃうのは違うよね。

――一九九〇年代にお話を伺った東京の鳶職の人

図20 『男の代紋』（山下耕作、1972年）出演時の高橋さん（左）
図21 同作より刺青下絵「悲母観音」（部分）。映画では下絵を反転して用いている。

たちも、そうおっしゃっていました。

高橋：だいたい、カツラと衣裳をつけるだけでも役者って変わりますから。朝から社長になりきって、一日中偉そうにしている後輩もいますよ（笑）。でも、僕は何秒か前まで馬鹿言っていて、ふっと変わるほうが好きですけどね。

――刺青を落としたときにはどうですか？

高橋：落とすのは描くよりも簡単です。シャンプーか何かを混ぜたものを含ませたスポンジタオルで全身拭いて落とします。刺青を落としたときには衣裳を脱ぐよりも、緊張感からの解放と充実感がありました。

任侠映画が流行った理由

――ところで、高橋さんはなぜ一九六〇年代から一九七〇年代に任侠映画が流行ったと思いますか？

高橋：あの時代は、東映の映画館に行くと出て来る男、出て来る男がすべて高倉健さんの顔になって出て来る。

――本当ですか？　資料でそう読みましたけど。

高橋：本当にそうなんです。あの時代は、安保の時代でもあった。あんなに自分たちが働きかけたのに、国は自分たちが思うようにしてくれない、という思いがあったんでしょうか。僕は一九六一年に日活でデビューしました。最初は青春映画でしたが、日活の上層部の意向で、「男の紋章」シリーズに出演することになりました。任侠映画から時代劇につながり、役者業を続けていく原点になったと思います。任侠映画は、とにかく、登場人物がカッコ良かった。義理と人情のために命を落とす男。「現実にはいないよね」という男を描いている。だいたい、「映画製作」当時だって、明治から昭和初期に時代設定された懐古調の物語としている。でも、「安保の時代が過ぎて」平和になってくると、そういう人物はいらなくなる。映画は社会とつながっているんです。

――それでは、なぜ任侠映画が下火になったと。

高橋：二〇〇〇年代に入ると、やくざを映画の中で扱うことがよろしくないという時代になりました。その前から東映は「実録もの」と呼ばれる映画を撮るようになります。そうなると、近代に通じるリアリティが出て来ますし、観客もよりリアリティを求めるようになります。そうなると、「官憲からすれば」「よろしくない」という時代になって、強烈に圧力が出てきました。

――強烈に？

高橋：そう強烈に、です。観客が憧れる対象が「やくざ」になる、と解釈されるようになったのです。例えば、ロケ現場では警察署の道路使用許可がいる。でも、警察に申請しても通りません。東京ではまず撮らせてくれません。撮影用のパトカーを走らせたくてもダメです。また、一般市民からのクレームも多くなりました。公園で普通にロケしていても、クレームが出て撮影できなくなっています。どこもかしこもロケが難しくなっ

図22　ドラマ『鬼龍院花子の生涯』より高橋英樹への刺青下絵「般若」

て、日本の映像文化が成立しないぐらいになっています。鉄道もダメ。撮る場所がないです。

――では、高橋さんの代表作のひとつ「十津川警部シリーズ」のロケもダメですか。

高橋：JRなども全滅です。東京駅の遠景も朝六時から八時までという制限が出ています。最初は東京駅構内も良かったのですが、ホームや階段も撮影できません。それで、次に大宮に行くことになって、駅長さんが変わったら不許可となって。今は新幹線駅のシーンが必要となるとロケは長野駅となっています。

　ホテルでも刺青が出て来るような場面のロケはダメですし、煙草を吸うシーンも厳しくなってます。犯人が車で逃げるシーンでもシートベルト必須です。

「遠山の金さん」の魅力

――最後になりますが、なぜ「遠山の金さん」の物語がここまで長く映画・テレビドラマとしてつづいたのでしょうか。日本人の琴線にどう触れたとお考えですか。

高橋：役者としては、町人と奉行の演じ分けの二面性がたまらなく面白い。「絶大な権力を持った奴が、ちょっと崩れてやんちゃな姿で町場にいる」という、なんともいえない二重構造がある。「見てたんだよ、俺はあの場で」ってのは、厳然たる証拠でしょう。わかりやすい。日本人の変身願望にはまったんですな。

――片岡千恵蔵さんから、歴代のスターがずっと「金さん」を演じていますよね。高橋さんの工夫はどこにありましたか？

高橋：時代劇って、いろいろ作られていて、もうやりつくされているんですよ。どう演じるか、まずは殺陣師と相談します。役者がそれぞれ自分に合った役作りをします。

自分でいえば、「手拭い」ですね。水に濡らした手拭いでパンとやる。

実は一時期、僕は新体操に凝って、おっかけみたいにずっと試合を観ていたのです。素手だけど「新体操のリボン」みたいに絵になりやすい。また、手拭い一本で脱獄した奴の話もどこかで知って、殺陣の土井淳之祐と相談して、使い出したんです。すると、絡みの連中「斬られ役」が痛いって、文句がでたけれど続けましたよ（笑）。

それにしても、「ケーリやん」がそんなに元気だとは嬉しいですね。

高橋英樹（たかはし・ひでき）

一九四四年一〇月一〇日生まれ。一九六一年に日活ニューフェイス第五期生として映画『高原児』（斎藤武市）でデビュー。日活時代は『伊豆の踊り子』（西河克己、一九六三年）、『刺青一代』（鈴木清順、一九六五年）、『けんかえれじい』（鈴木清順、一九六六年）など、映画黄金時代の作品に多数出演した。「男の紋章」シリーズ（一九六三―一九六六年）は、日活を代表する仁侠映画であり一〇作品続いている。

フリーになっての東映初主演作『男の代紋』以降、東映京都撮影所の作品では毛利が刺青を担当し、その後の交遊を築くこととなった。さらに、映画からテレビ時代劇に活躍の場を広げ、『桃太郎侍』（一九七六―一九八一年）、「三匹が斬る！」（一九八五―一九九五年）などの主演作がある。時代劇スターの地位を確立した後は、大河ドラマ・刑事ドラマほかに多数出演し、番組司会など多方面でさらなる躍進を続けている。

第三章　刺青絵師まで、刺青絵師のあとで

――毛利清二のライフヒストリー

――毛利さん、これからは、どのような経緯で刺青絵師になっていったのかを伺っていきたいのですが。

毛利：僕は生まれも育ちも京都です。一九三〇年四月二六日に生まれました。家は古着を再生して販売する「悉皆屋《しっかいや》」をやってました。八歳ぐらいで父が亡くなり、祖父が経営していました。店は人を使っていて、比較的豊かだったと思います。支払いは年に一回。子どものときは飲み食いはすべてツケでした。おじいちゃんがションベン行っている間に、お金取って逃げたりしてね。この商売はやがてなくなると母は思ったようで、「家を継げ」とは言われませんでした。おふくろは八八歳で亡くなりました。

――小学校はどちらでしたか?

毛利：格致《かくち》尋常小学校です。成績は図工と体育だけがよくってね、「画伯」と呼ばれてました。卓球は小学校五、六年から終戦後まで続けて、けっこういいところまで行きました。京都市立四条商業学校に入学したあと、勉強したのは一年だけです。柔道部に籍を置いたらすぐに学徒動員です。当時、藤間林太郎《ふじまりんたろう》さん［藤田まことの父］と加賀邦男さん［志賀勝の父］が近所に住んでいました。二人とも松竹のスターさんでした。藤田まことさんは小学校が近所でして、「こいつ役者の子や」といじめよったんや。

――学童疎開などは行かなかったのですか。

毛利：行きませんでした。母の実家が亀岡の寺でして、京都からたくさんの小学生が疎開に来ていたのを覚えています。私は学徒動員で、あちこちに行かされて旋盤などをまわしていました。昔のトンネルの跡に旋盤おいて、二、三ヵ月まわしてました。終戦前には、予科練(1)や少年航空兵(2)をわざと受験してました。「海軍兵学校を受けます」と言うと三日間ほど休みをもらえるのです。学徒動員に行きたくないので、試験を受けてわざと答案に間違った答えを書く。「三＋五＝六」とかね。

――終戦を迎えた日の記憶はありますか？

毛利：四条通の大丸百貨店は地上七階建てで、その地下が旋盤工場になっていました。夜勤が夜九時から朝五時までで、明け方になって実家に戻って寝ていたら、お昼頃に起こされて玉音放送を聞きました。「消防車が通れるように」という理由で五条通沿いの家をすべて潰していて、うちの家も焼夷弾対策で二階の天井がすべて撤去され、家を間引きされそうになりましたが何とか免れました。

繊維会社に入る

――それで、中学を卒業したらどうされたのですか？

毛利：旧制中学校は四年制で、当時、男女共学にするとの話があり、僕らは男女共学が面白いと思って賛成票を投じたけれど、結局、男子校のままでした。卒業後は新制高等学校に行く道もあったのですが、「働きたい、遊びたい」と思って自分で新聞広告を見て仕事を探しました。そして、昭和二一（一九四六）年に室町通にあった繊維会社の「株式会社吉田商会」に入社しました。絵が描けることがわかって、意匠部に配属されました。日本画家や友禅画家の先生が毎年着物の柄を新作として描くので、それを取りに行く仕事です。

初任給三〇〇〇円をつぎ込んで、新京極の裏寺でズボンを買いました。最近まで履いてましたよ。撮影所に行っても、着物が「人絹か本染めか」がすぐにわかりました。一八歳の春から約六年間勤めましたが、会社から帰るとネクタイの柄をデザインしたり、羽子板の表に絵を描いたりして、デザイナーとしてのアルバイトもしました。

京都は染屋や呉服屋、帯屋などが多く、この時代は非常に好景気でした。先輩に連れて行ってもらってだいぶ祇園で遊びました。だから、遊び場所もよく知っていて、あとで松方弘樹さんなどと遊びの相談をするときに、昔行った飲み屋など案内できましたよ。

――でも、商社を退社されたとか。

毛利：繊維関係に不況の嵐が吹き、意匠部がまっさきに人員整理の対象になってクビになりました。親戚の鉄工場で工員アルバイトとして三ヵ月ぐらい働きましたが、重いものを持つ力仕事が続くので難儀しました。

そんなとき、四条河原町を歩いていたら、吉田商会の意匠部時代に通っていた絵描きの先生宅でアルバイトをしていた美術専門学校の学生さんに会いました。「お久しぶり。最近図案を取りに来ないですね。どうしたんですか?」と聞かれて、「実は会社をクビになった。何か良い仕事はありませんか」と話したら、「それなら、割の良いアルバイトがあります」と言われました。映画のエキストラの仕事を紹介してくれました。時代劇全盛の時代で、松竹、大映、新東宝、東映と、京都には映画会社の撮影所があり、美専の学生さんたちとエキストラを始めました。

ニコヨンといって当時の「日雇労働者の」日当が二四〇円のところ、一日二五〇円が支払われました。市バスが七円、嵐電が一〇円で往復の交通費合計が三四円。それに昼の定食が三〇円。夜は弁当が支給されます。カストリ一杯三〇円で、塩をなめて酒をひっかけても、手元に一四〇円ほどが残ります。それで一息つけました。一年ぐらいですかね。エキストラは。

――そのあと、東映京都撮影所(3)に入られたのですよね。

毛利：太秦天神川に「宝プロダクション」の撮影所が当時あり、若山富三郎さんのデビュー作の『忍術児雷也』(萩原遼・加藤泰、一九五五年)の現場に行きました。すると、マキノ真三プロデューサー[4]がいて、声をかけてくれました。「君たち、若い者がブラブラしていたらいかん。紹介状なら書くぞ」と言われて、その添え書きを手に東映京都撮影所［通称：京撮］の事務所に出向きました。

東映京都撮影所に入所

毛利：マキノ真三さんの威光はエライもので、その場で演技課専属の俳優［エキストラ］になれました。ただ、日当二五〇円のところ、京都撮影所に入所したら二四〇円になりましたね。京都撮影所の事務所に顔を出すと、マキノプロダクションに昔おられたタナベさんという方が俳優幹事をしていて、仕事をよくつけてくれました。他の俳優が月一〇日しか仕事がないのに、毎日のように仕事があり、三〇〇名も大部屋俳優がいたので、ねたまれたようなところもあります。

東映の俳優は一年契約です。この年の一一月より月給［基本給］三〇〇〇円、日当三〇〇円で役手当が三〇〇〇円から五〇〇〇円、立ち廻り手当が一日につき三〇〇〇円、危険手当が一回につき三〇〇〇円から五〇〇〇円、「階段落ち[5]」で五〇〇〇円がつくようになりました。通行人役でも、画面に顔が映ると何千円かの手当てがでました。専属になると共済会があって、五〇万円まで金を貸してくれます。借りられる金額は、月給の何倍と決まってます。「アイツに貸してやれ」というスターさんの保証があると借りられました。

エキストラは、通行人や死んだ役などを一日何回もするのです。支度部屋などありません。第八ステージ[6]の二階にある六畳の物置き部屋に二〇人から三〇人が詰めてました。まだ、徹夜で撮影する時代ですから、皆ヒロポン[7]打って頑張りました。今はアレですが、当時、ヒロポンは配っていたんです。ロッカーが六つぐらいしかなくて、風呂敷に荷物を詰めていた。だから、金目のものは撮影所に持って行きませんでした。

仕事が終わると、男風呂がいっぱいなので、入っている人がいないかを確かめてから、女風呂に入ったりしてました。男女の風呂は湯船が一つで左右に仕切られていますが、湯船の底から二〇センチほどが開いていて、そこから女風呂を覗いたり（笑）[8]。そういうこともあって、俳優会館ができました。

少し経って、立ち廻り専門の役者を育てる「剣会」に入団テストを受けて合格しました。当時の剣会メンバーは約六〇名。準会員が一二〇名の大所帯で、テストを受けて準会員にしてもらいましたが、稽古は身体に木刀があたる荒稽古で、非常に厳しかったです。撮影所の前庭などのオープン［外］で、木刀を使っての本番さながらの殺陣を繰り広げたものです。生身の裸足の練習だったため、よく足の裏の皮をはがしました。準会員になって二、三ヵ月後に年二回の正会員テストに合格しまして、正会員の仲間入りを果たしました。

殺陣がうまくなってくると片岡千恵蔵、市川右太衛門[9]の両御大に絡めるようになるんですわ。一太刀でも絡めると、一人前と見なされます。目をかけてもらえるよう、毎日、自宅でも木刀で素振りしてました。その頃から、賭場の場面などで仲間に眉墨で刺青のようなものを描くようになったのは、すでにお話しした通りです。

殺陣は殺陣師の許可が出れば、何でもできます。賭場の場面でも、殺陣師の許可が出ると、役者に刺青の絵を描きました。危険手当の金額は殺陣師が決めます。主役からも祝儀が来ます。何やかやで一万円、二万円のギャラとなりました。『新選組』（佐々木康、一九五八年）などには「階段落ち」のシーンが必ずありましてね、二階からの階段落ちもよくやりました。まだ宍戸大全さんが来る前でしたから、下にはせんべい布団二枚ほどを敷いただけでやっていました。

ＪＡＣ[10]ができる前は専門のスタントがいなかったので、大部屋俳優たちはスタントシーンの取り合いをしてました。時代劇の落馬シーンも何度も経験しました。これも油断すると骨折や捻挫に結びつく危険なスタントですが、日頃、鍛えていれば受け身がとれますので、そうそう大怪我をするものではありません。

ただね、右肩を脱臼したときは、高倉健さん御用達の病院で注射二本を打ってもらって、肩をはめてもらいました。あっという間に元通りに肩が動くようになって、こりゃ良かったと思いました。でも、翌日からおかしくなりまして、二〇日休んだこともあります。

そうそう、『海賊八幡船《ばはんせん》』（沢島忠、一九六〇年）では、後にチャンバラトリオとして活躍する南方英二らと、二船のセットの間に板を渡して四メートルの高さから膝ほどの深さのプールに飛び降りるスタントもしました。よく怪我しなかったな。

――京都撮影所の小柳憲子《のりこ》さんから教えてもらいましたが、『海賊八幡船』は今でもロケや撮影の大変さが伝説となっている映画だそうですね。あの作品では福岡県の糸島半島まで皆さんロケに行ったそうですが、毛利さんも同行されたのですか？

毛利：いや、私は行ってません。

――じゃ、あの船と船の間から海に人が落ちるシーンは、ロケではなく京都撮影所で撮影したんですか。すっごく危険じゃないですか。

毛利：そうです。京撮で撮影しました。爆破シーンも多くやりましたよ。鉄鍋に火薬を仕掛けて、爆発させるのです。タイミング良く除けるわけですが、運動神経が鈍い人間には務まらない仕事ですね。

襖や障子を蹴破るシーンは意外に危険です。桟が折れて、足や腕に突き刺さったり、皮膚を切ったりするのが多いのです。うまく除けられればよいのですが、激しい動きの中で勘とタイミングに頼るしかありませんでした。

映画『宮本武蔵 一乗寺の決斗』（内田吐夢、一九六四年）では、矢を放つ役を買って出ました。それにはワケがありました。分厚い台本を渡されて、旅館で事前に読んでいたからわかったのですが、これから私たちが戦って死ぬシーンとなるのです。

だから、撮影のはじめに、「何でも好きな武器を持っていい」と小道具を選ばされたとき、まず弓を取りました。弓は飛び道具です。待ち構える侍七二名と戦う武蔵なら、真っ先に射手を狙うはずです。案の定、はじめのほうで死ぬことになったのは、弓を持つ私でした。映画では、弓で狙うカットと死ぬカットが使われてます。

――あの映画を観ると大変な撮影状況に見えますね。夜明け方、刈り取られた田んぼ一面に霜と薄氷が張っていて明らかに寒そうです。そして、中村錦之助(のちに萬屋錦之介と改名)さん演じる武蔵があぜ道を走り回って、二刀流で斬りまくる。斬られ役の人たちは死んだら、冷たい泥のなかに倒れなければならない。

毛利:あの戦いのシーンは冬の夜明け前から一、二時間しか撮影しない。なんせ、『宮本武蔵』は一年に一作しか内田監督は撮らなかったからね。だから早めに撮影から抜けました。「皆さん、お疲れさん」と言って、私は撮影現場をいち早く離れて、他の組の撮影に加わることになりました。

――毛利さん、基本、要領が良いほうですよね。

毛利:そうですね。一本でも多く出演したほうが俳優はいいからね。

芸名の由来と結婚

――ここでちょっと個人的なことを伺いたいのですが、奥さまとの出会いはどうだったのですか? チラチラ、松竹の女優さんとつきあっていたお話も出ていたのですが(11)。芸名の「毛利清二」の由来にも関わる話のようなので。

毛利：松竹の女優さんとつきあっていたのは、室町の吉田商会の時代です。少し年上で、先方はアルバイトでクラブで働いていて知り合いました。よくかわいがってもらいました。この人の先生が毛利菊枝さんといって、日本の大女優のお一人でして、お名前にあやかって本名の「森清二」を芸名の「毛利清二」にした記憶があります。ま、他にも理由があって、東映に行ったら「森」が五人もいたんですわ。それで、「ええい面倒くさい、森から毛利や」と変えました。刺青絵師をしているときには、「ケーリやん」と呼ばれてました。これは小沢茂弘監督が言い出しました。

ところで、女優さんには以前に旦那さんがいて、体格のよい元旦那が乗り込んできて三人で話し合うような修羅場もありました。結局、女優さんは京都を離れて、松竹の大船撮影所に行ってしまいました。「寅さん」［映画「男はつらいよ」シリーズ］なんかにしょっちゅう出演して、クレジットは見ましたね。一度、加藤泰監督作品の博奕場の指導で、松竹の大船撮影所に行ったときに思い出しましたが、結局、会わずに帰ってきました。

このとき、博奕場の撮影のために刺青を描いているのを見ました。他社の仕事を初めて見たわけです。「あんな刺青は賭場ではダメです」と言ったら、監督はすぐに役者にシャツを着せました。元やくざで俳優だった友だちと一緒に現場に行ったのですが、その人も「あんな刺青は刺青でない」と言ったんです。仕事をした刺青師には申し訳ないけれど、作品の質がガタンと落ちますからね。

　その友人は半端な刺青を入れていて、僕が絵を足して、よく映画に出てました。

──それで、奥さまとの出会いは?

毛利：二四歳［一九五四年］の頃です。四条河原町に鐘紡の店があって、一階は婦人服売り場、二階が喫茶店になっていて、女房は一階で働いてました。三つ年下。「ミス四条河原町」になったこともあります。女房の父親は関西電力に勤めていて、僕が「お嬢さんをください」と言いに行ったら、「東映の撮影所ができるとき、変電所を造るので入札に行ったよ」と話してました。

　女房はカトリックを信仰してました。それで、結婚式はカトリックの式で挙げました。女房は式のときにベールみたいなのをかぶってました。三〇歳ぐらいで長男と長女が相次いで生まれました。

──失業なども含めて、その頃はいろいろあったはずですね。よく奥さまのご両親は結婚を許しましたよね。

毛利：本当は嫌やったと思いますけど、反対はありませんでした。女房の女友だちが近衛十四郎さんのマネージャーだった方の奥さまと知り合いで、その縁で松竹から東映に移って来た近衛さんの付き人になりました。近衛さんは「時代劇の殺陣では日本一」との評価が高い方でした。

近衛十四郎の付き人時代

――付き人として、どのようなお仕事をしたのですか？

毛利：近衛さんは、市川右太衛門さんの派閥でした。それで、市川右太衛門出演映画には数多く出演しました。だから、あんまり千恵蔵さんの映画には出ていません。剣会のなかでも、「片岡千恵蔵派［若山富三郎、中村錦之助、高倉健など］」、「市川右太衛門派［近衛十四郎、大川橋蔵、東千代之介など］」と大きく二つの派閥がありました(13)。ともかく、両御大がスタジオ入りするときは、撮影所の正門にスタッフ、キャストがずらりと並び、高級車に乗った御大を迎えたものです。右太衛門さんは、上賀茂神社の近くで売っている焼餅をクランクアップ前に私らに差し入れてくれたことを覚えてます。

当時、お正月の一〇日間、東映スターの地方巡業が盛んにおこなわれてました。美空ひばりさん、東千代之介さん、大友柳太朗さん、大川橋蔵さんなどが巡業に出てました。近衛さんも、年末年始になると劇団をつくって地方を回るのです。近衛十四郎さんにお兄ちゃん［長男の松方弘樹］が九州に一〇日間の巡業に出るのです。

巡業前、近衛先生がまず自宅に団員を集め、「幕が開く、下手より」と、口だてしていきます。団員一同で筆を走らせて、台本を仕上げてました。内容は近衛、松方共演の芝居と、松方さんの歌謡ショーの二本立て。

僕は舞台のセッティング、効果音をつける演出助手ほか、役者などをこなしました。三〇代なのに、七〇代のおじいさんをやらされました。ギャラは良かったですよ。近衛劇団は、剣会の者でもセリフのある役をつけてくれました。舞台の経験がつき、私が誘った者も良い舞台人生を味わったと思います。普通、剣会は立ち廻りだけですから。

そうそう、竹光(14)って知ってますか。大衆演劇の人はよくわかっていて、絶対竹光どうしをあてないですけど。私は地方巡業に出るたびに立ち廻りでボロボロになった竹光の修理に追われる毎日でした。竹光には卵の白身を使って銀紙を貼るので、何十個も卵を買いに行って、黄身は飲んでしまい、白身だけを器に集めて筆で竹光に塗ります。床に一メートル四方ある大きな銀紙を敷き、上に白身を塗った竹光を置いて、空気を抜きながら貼っていくのです。

――うーむ。もともと器用なんですね。

毛利：当時の京都撮影所には、大部屋俳優だけで四〇〇人、一〇チーム野球チームができるぐらい人がいました。各スター俳優が野球チームを持っていて、近衛十四郎さんが東映に入る前は、大友柳太朗さんのチームにいました。近衛さんたちと対戦したこともありました。

近衛さんとは、テレビ時代でも殺陣で絡んだことがあってね。NGを出すと初期のテレビ収録は編集できなくて、頭から撮り直ししなければならない。キャメラが行ったから大丈夫だと思って起き上がったらダメ。死骸が起き上がったんでNGになった。一からやり直しで、近衛さんがブーっと怒って。
当時のテレビCMは立ち廻りの途中のええところで、ドリンクのCMをやる。出演者の誰かがフレームインして、ドリンクをぐっと飲んでいた。ドリンクの名前は忘れました。ノーギャラの仕事ですが、私は進んでCM出演して、飲む姿をアップで撮影してもらいました。

一九五四年には東映の京都・東京の両撮影所に新ステージが完成した。東映の製作本数は一〇三本となり、年間製作本数世界第一位となる。そして一九五八年には映画館の観客動員数は一一億人とピークを迎え、撮影所は二四時間稼働していた。

大部屋俳優の生活

毛利：俳優の生活は、定時が午前九時から午後五時。夕食は午後五時から六時まで。撮影状況でも変わるので、午後四時三〇分から六時のこともありました。仕事が延びると配布される食券があって、食券を貯めて夜食で一回につき卵三個もらえました。大道具さんたちの食堂はありましたが、大道具さん用の風呂がないので、俳優会館の風呂に入りに来てました。ドクロの刺青がある人もいましたね。早く、会社で大道具さんたちの風呂を造ってあげてください、と岡田茂所長に言いに行ったもんです。(15)

そうそう、大部屋俳優時代の思い出ですが、楽しくてもの悲しい話をしておきます。当時、撮影所の周りには、多くの飲み屋がありました。大部屋俳優は金がないので、ツケでよく飲ませてもらいました。［支払いをする］月末には、なぜか「群衆」として出演する撮影がよくありました。撮影当日には、午後六時から撮影所の正門と裏門に、飲み屋の集金係が来て、私たちを探し求めていました。そういう日は、メイクを特に凝って別人になり、集金係の目をごまかしました。たぶん、別人に見えたのでしょう。目の前を通り過ぎても、全然気がつかれませんでした。その翌日は大きな顔をして、「昨夜はお金を用意していたのに、どうして来なかったの。残念だったね」と言って、またツケで飲ませてもらいました。良い時代だったと思いますね（笑）。

大部屋俳優たちは、擬音づくりもやってました。

――へーっ、あの馬の駆けるときにお椀を床に叩いて出す「パッパカ」の蹄の音とか。

毛利：そうそう。立ち廻りで殴られる「バシッ」って音は、野球のベースをゲンコツで思いっきり叩いて出してます。人が倒れるシーンは、ベースを床に叩きつけるのです。人が歩く靴音も、画面を見ながらその動きに合わせて実際に下駄や靴を履いて、足踏みをして音を出し、録音するのです。簡単そうですが、タイミングの取り方や手加減が非常に難しくってね、剣会でのスタントや俳優経験が役立ったと思います。

――片岡千恵蔵さんにも、刺青を描くお仕事をしたそうですが。

毛利：「山の御大」こと千恵蔵御大は、麻雀が好きで、甘いものが大好き。酒は飲まない。箱いっぱいのぼた餅や大福を食べながら、俳優会館二階の自室で麻雀を打つ。ちょうど正面入口上に部屋があって、俺を見つけると、「オーイ、毛利、来ーい」と呼んで麻雀に加わるように言ってくれました。

あるとき、私が「通行人」として出演を待っていたとき、麻雀をするのには一人足りなくて困っていたんでしょう。また呼ばれました。衣裳をつけたまま卓を囲んでいると、「毛利さん、出番です」と声がかかる。僕が出ようとすると、御大が「麻雀も仕事のうちじゃー」と一言。そうこうするうちに、演技事務の伊駒実麿《いこまさねまろ》さんが「毛利がいない、おかしい!」と言い出し、千恵蔵御大の部屋に来て、私を発見しました。命令で麻雀をし続けていたのですが、伊駒さんに睨まれて、あくる日からずっと干されたことがありましたな。山の御大に「使ってもらえまへん」と文句を言ったら、「ワハハ」と笑い飛ばされて終わりました。

日当二五〇円の大部屋俳優ですから、東映の幹部でもあった御大に麻雀しながら「給料あげてくれ」とかよう言うたけど、「わかっとる、わかっとる」と繰り返す。麻雀では最初のほうは「ケーリ」と私を呼び、終わり頃には「殿《との》」と呼び方が変わりました。私のほうが強かったからです。ともかく、最後までやさしく声をかけてくれ、可愛がっていただきました。

東京撮影所で「日本侠客伝」シリーズ(全一一作、一九六四―一九七一年)を制作していたとき、所長の岡田茂さんから「毛利清二君に東京撮影所に行ってもらう」と辞令が読み上げられて、こそばゆい思いをしました。当時、監督は別として、京都撮影所から東京撮影所に行った俳優もスタッフもいなかったからです。

そうそう、当時撮影所の中で働く人たちは、お互いに「ちゃん」付けで呼び合い、若い人たちは「ぼん」付けで呼びました。

で、僕の後輩の拓ぼんはね。


——拓ぼんって、どなたのことですか。


毛利：川谷拓三君[16]のことです。酒癖が悪くて警察によく引き取りにいきました。朝になると「すんません」と泣いてねぇ。祇園でガラス何枚も割って。ガラス割りのスタントで有名でした。今では割れても安全な特殊ガラスを使いますが、当時は本物のガラスを使ってましたからね。

他に京撮にいたのはね、江原真二郎さん。まだチョンガー［独身］だった江原さんが東京撮影所に行くとき、女房と一緒に見送りに行きました。江原さんは『米』（今井正、一九五七年）で当たりましたな。

それから後に斬られ役として名を馳せた福本清三さんは、中学を卒業して一六歳のこんまいときに京都撮影所にエキストラとして入ってきた。だから、福本さんの呼び名は「福ぼん」。

さて、昭和三四（一九五九）年に、第二東映が始まって忙しくなりました。東映ではテレビ番組も製作するようになり、一九五八年より［西日本放送やNETで］放映された時代劇『風小僧』にレギュラー出演しました。

東映歌舞伎のドタバタ

毛利：昭和三七（一九六二）年八月には「東映歌舞伎」がありました。東京の明治座で一ヵ月興行、稽古も含めると四〇日間の拘束でね。市川右太衛門さんも、片岡千恵蔵さんも、東千代之介さんも、大川橋蔵さんも、大友柳太朗さんも、スターさんがずっと並んでな、ちょっと出ては皆ひっこむ感じで、お客さんは大喜びしていた。私ら大部屋俳優も出づっぱり。通行人、立ち廻りに、セリフのある役もあり、一日につける衣裳は二〇枚ぐらいある。カツラもなんぼあっただろう。鏡の前にずらっと並べてな。

『丹下左膳』の殺陣師は足立伶二郎で、捕方《とりかた》は手甲に脚絆《きゃはん》、黒足袋をつけなきゃならない。次の場面では侍役で白足袋を履かなきゃならないので大変。それで、いかに早く着替えをするかを考えました。舞台では見えないから、坊主のカツラもパチンとはめるものを自分で作って舞台に出て行ったら、取締役に呼び出されて「あなた、どうしてもう少しマシなカツラをつけないのですか？」と怒られた。

ちょうどおしろいが切れたので、コールドクリームを塗った上にシッカロールをはたいて舞台に出たら、市川右太衛門さんのマネージャーから「毛利さん、あなたのおしろいを見せてください。一人だけ顔の色が違いますよ」と怒られました。さらに、剣会の連中は楽屋が暑いものだから、四階の楽屋から三階の客席廊下まで冷房にあたりに行って、重役さんから皆怒られてね。

右太衛門御大の出番では、御大が立ち廻りして、舞台の七三[17]で見栄を切りました。あたりに浪人たちの死体がなければ様にならない。でも、我々は次の場面で衣裳替えが控えている。カツラも武家カツラから、町人カツラに変えなきゃならない。衣裳替えの時間がないので、一人、二人と舞台からそっと消えていったんですわ。とうとう舞台で倒れていたはずの一〇人が二、三人だけになってね。頭取部屋から注意を受けました。

なにせ、初日は、「夜の部」の終了が夜の一二時になってしまった。ふつうは夜九時の終了なんです。「大変だ」ということになって、徹夜で台本を作り替えました。

ロケの楽しみ

——京都撮影所以外でも仕事したのですか？

毛利：そうよ。『温泉あんま芸者』（石井輝男、一九六八年[18]）では、一ヵ月半、石川県加賀市の山中温泉にロケーションに行った。仕事がないときは、山中温泉の各施設をまわらせてもらって、これが人生で一番楽しかったね。

——ほかにはどこに行ったのですか？

毛利：台湾。『馬賊やくざ』（小沢茂弘、一九六八年）の仕事でね、一週間の予定が一ヵ月近く台湾にロケでいたことがあった。鶴田さんの吹き替えと役者の仕事で行きました。台北から台南までロケしました。ところがね、台湾に着いたら機材が届かないのでなかなかロケができない。あとで聞いたら、行政に袖の下を持っていくべきだったんだよね。向こうでは台本の下にお札をしのばせておくのが習慣だった。

ホテルで「缶づめ」みたいになって、僕は醤油とかお茶とか日本のものをストックしていたから、毎朝、鶴田浩二さんに日本茶をあげていた。けれど、それも一週間で切れてね。お金もなくなってきて。でも、近衛十四郎さんと松方弘樹さんが一緒で、いろいろ面倒みてもらったのでなんの不自由も感じませんでした。

東映では、時代劇ファンの年齢層が上がってきたこともあり、一九五三年より放送を開始したテレビの視聴者に向けて、時代劇番組の制作に力を入れるようになった。まず、一九五八年七月に株式会社東映テレビ・プロダクションを設立した。その会社は、一九五九年二月に東映テレビ映画株式会社となり、同年五月八日に第二東映株式会社と商号変更した。さらに、一九六一年二月にニュー東映株式会社と改称され、同年一二月に東映株式会社に吸収された。

東映初代社長の大川博が東映のセカンドラインとして「第二東映」(一九六二年に「ニュー東映」と改称)を立ち上げたのは、映画・テレビ番組の量産を図ることを目的としていた。映画観客を独占しようとする経営方針であった。しかし、これまで支えてきたスタッフと俳優たちに、通常の倍以上の制作本数を課すことにつながり、現場は混乱を極めた。同時期に、不振となった各映画会社から、第二東映・ニュー東映を支えるためにスターや俳優、スタッフが移籍してきた。ニュー東映が失敗に終わったとき、ふくれあがった俳優とスタッフを合理化する必要に迫られた。

当時、東映が製作していた映画に目を転じれば、一九六三年から一九七三年頃まで、東映は任俠路線が当たっていた。それまで量産してきた時代劇映画から一転して、任俠映画が続々製作されるようになる一九六四年頃から、毛利さんの俳優と刺青絵師としての「二足のわらじ生活」が本格化する。

作家の三島由紀夫が『博奕打ち 総長賭博』(山下耕作、一九六八年)を高く評価[19]してから潮目が変わるが、いわゆるインテリ層は、東映の任俠映画を黙殺した。しかし、東映任俠路線のブームはたしかにあって、一九六三年三月から本格化した映画館の「深夜興行」を追い風にしていた。各種資料を総合すると、深夜に劇場につめかけたのは勤め帰りの工員、勤務を終えたホステスなどであり、心寂《うらさ》びれた人々がスクリーンを黙って見つめていた。伊藤彰彦の表現によれば、「六〇年代半ば、東映の映画館では革靴を履いた客が少なく、下町の直営館ではほとんどの客がサンダルか下駄履きだった[20]。零細企業で働き、組合にも守られない未組織労働者たち、高度経済成長の恩恵に与れないサラリーマンらが、悪辣な資本家たちを一刀両断に叩き斬る高倉の姿を見て溜飲を下げた[21]」という構図になる。

その深夜興行は、一九六四年から警察が始めた「頂上作戦」(やくざ組織のトップを検挙する暴力団撲滅運動）とともに全国で拡がった「暴力団追放キャンペーン」により、非難を浴びたという。それにもかかわらず「青少年に悪影響を与える」との各都道府県の教育委員会の反対を押し切り、大川博が深夜興行を推進して映画の観客層を広げていった。[22]

経済発展の波から取り残された人々、さまざまな孤立をかこつ人々、地域社会から離れて集団就職などで一人働く若者たち、政治運動のはざまで社会からはぐれた人々が、東映をはじめとする各社の任俠映画を支持した。観客の中心は、各地方都市から急速に拡大する都市に身を寄せ、家族、社会構造、宗教・年中行事、葬制・墓制など、さまざまなしきたりから断ち切られた人々であった。一九七〇年代には出稼ぎ男性の「蒸発」が頻発した。つまり、これまでの人間関係、社会関係を自ら断ち切る人々も現れた。

こうした背景をもつ人々が、一九六〇年代から一九七〇年代の任俠映画の主要観客であった。劇中で主人公ががんじがらめになる義理、人情、しきたりは、やくざというタテ・ヨコの人間関係が明確な社会組織を背景に展開する物語の重要な要素として機能している。すでに失われた世界、あるいは観客が自ら捨て去ったはずの濃密な人間関係が綾なす世界が観客を吸引したといえよう。

高橋英樹さんがインタビューで指摘したように、一九六〇年に安保闘争で亡くなった学生運動家の樺美智子の存在が象徴する「政治運動に命を賭す姿」がまだ身近にあった時代でもある。[23]学生運動の熱気のなかにいた学生たちが、主人公が殴り込みをかけるシーンで「そうだ、異議なし」とスクリーンに向けて声をかけたという証言はいくつも書き残されている。同時代に早稲田大学第一文学部の学生であった、映画監督の北村皆雄氏からも直接そう聞く機会があった。

しかし、任侠映画の人気は六七、六八年にピークとなり、観客にあきられるようになる。一九七一年に二代目の東映社長となった岡田茂は、ブルーカラーの若者、特に男性をターゲットにした「不良性感度」の高い映画づくりをかかげた。そして、暴力とエロチシズムを軸とした映画づくりの陣頭指揮を執った。『仁義なき戦い』(深作欣二、一九七三年)がヒットしたことにより、「実録路線」の映画製作が始まるものの、観客数自体は伸び悩んでいく。東映の不振は、毛利さんの家庭生活にも影響を与えていた。毛利さん自身は語らなかったが、息子のM氏によると、経済的な不安定さを感じた時期があったそうだ。

M氏のお話では、任侠映画で刺青絵師をしていた時代が最も家が豊かであったという。毎週末には、四条界隈の割烹料理店などへ一家で繰り出していたという。だが、七〇年代前半からはその頻度も減っていった。それでも、一九七〇年から「遠山の金さん」シリーズの仕事が始まっていたので、経済的な状況からみればまだ多少は安定していた。しかし、M氏が中学生から高校生の時代に、杉良太郎の「金さん」の仕事が一度途切れたため、毛利さんが松方弘樹の家の手伝いをしていた記憶があるという。また、松方の子どもたちがまだ小さかった時代には、車を出して学校の送り迎えをしていた時期もあった。近衛十四郎という親の代からのつきあいがあって、やらざるを得なかった面もあったそうだが、映画村が始まるまでは経済的には不安定さが続いた。

こうした経験のためか、毛利さんは応じた取材のなかで、時たま刺青絵師という仕事の経済的な不安定さに言及している。たとえば、撮影所のスタッフが保存していた一九八九年の取材記事とみられる「出番です!!裏方さん」(掲載誌不明)では、毎日仕事があるわけでもないので、俳優業との二足のわらじを続け、一四年前からは、映画村勤務。今は芸能部でミス映画村を指導している。しかし、ひとたび刺青を頼まれると、どこであれ会社に関係なくすぐに飛んで行く。もうすぐ定年を迎えるが、後継者がいないのが悩みの種だ、と語っている。その上で、「刺青絵師になるには、経済的な不安がついてまわります。そのうえ、何でも絵が描けてコミュニケーションがうまくできる人でなきゃ、つとまりません。芸能界のことをよく知ってなければダメだし」と述べている。

テレビプロの仕事と組合活動

――(取材記事「出番です!!裏方さん」を見てもらいながら)私は毛利さんが刺青絵師のお仕事だけを基本的にされていたと思っていましたけれど、東映のなかではずいぶんいろいろなお仕事や活動をされてきたようですね。そうしたお話もこれから伺っていきます。

まずは、組合運動についてです。当時働いていた方へのインタビュー(24)を読むと、中村錦之助さんも関わるお話のようです。他社でも組合運動が激しかったようですが、京都撮影所ではどうでしたか？

毛利：僕は俳優組合の書記長までやったけれど、組合運動が起こったとき、京都撮影所が東映労組、俳優組合と非組合員でわかれて大変やったなぁ。ホンマに戦争やった。

剣会では組合に入ったのは数名でした。自分は最初、組合に入らなかったけれど、いろいろな人から推されて俳優組合の書記長をやったのは、照明部が一緒にやろうと言ってきたからです。役者も照明もどちらも日雇いで、大部屋俳優は一度撮影所の門をくぐったら、A組、B組、C組と一日三本の現場に入っても日給は二五〇円。それで、俳優側から「おかしい」と言い出した。「これは、本来一本二五〇円ではないか」とね。それで組合運動が起こって、ある程度は実った。一本出演したら［出演料が］二五〇円に、二本出演すれば五〇〇円になって、さらに残業代がつくようになった。

俳優のギャラにもランクがあって、古い先輩は日給一〇〇〇円もらう人もいて、日給二〇〇〇円の人は生活も優雅。でも、会社側もしっかりしていて、賃上げしても一日一本しか使わない。日給二五〇円クラスの俳優は、［賃上げ前には］一日三本の仕事で使われた。でも、一日二五〇円が一日で三本七五〇円となると、なかなか二本、三本の出演という話にはなりませんでした。

結局、照明部が会社側に寝返りを打った。照明部が動かなければ、撮影できないんです。でも照明部に対して、私ら俳優組合は［東映の中では］最も弱い存在です。会社側から「明日からお前らは社員にしてやるから、俳優部とは別れろ」と言われて、照明部は会社の組合に入ったんです。照明は全員社員となったんです。

おそろしい時代だったですよ。俳優だけの組合が残って。それでもうダメだと思って決起してすぐ一日、二日で辞めました。僕は役員だったから大変だったよ。本当に命がけでした。

――中村錦之助さんが東映俳優クラブ組合の代表をしていたそうですね。錦之助さんは、組合の関係で会社と板挟みになって東映を辞めたと伺いましたけど(25)、どうだったのですか？

毛利：錦ちゃんは、リーダーではなく、我々の気持ちをよく理解して、最後まで応援してくれました。

京都撮影所の組合運動については、東映株式会社公式Facebookの記事で、東映太秦映像株式会社元取締役社長・神先頌尚《かんざきひろなお》氏が以下のように証言している（インタビュアーは、京都撮影所の高橋伸明氏）。

――ニュー東映が閉鎖し、しばらくしてから岡田［茂：引用者］名誉会長が京都撮影所に戻ってきますね。

そう、一九六四年に岡田さんが東京撮影所から京都撮影所に帰ってきたんだ。時代劇の人気がなくなり、京都撮影所は伸び悩んでいたからね。戻ってきた時は所内の人はすごく喜んだよ。しかし、岡田さんは京都撮影所を再建するために合理化を進めねばならなかった。時代劇の俳優やスタッフを辞めさせ、現代劇へと方向転換した。また、テレビドラマを受注するために（株）東映京都制作所や（株）東映京都テレビプロを作った。

この時の組合騒動はすごかったよ！京都制作所や京都テレビプロへ人員を配置転換したから組合からの抵抗があった。俳優組合の委員長が中村錦之助さんになったことも拍車をかけた。僕が京都制作所の制作部長になった時に組合問題が一番激化していたよ。夜一〇時になるとスタッフがテコでも動かなくなるんだ。頼んでも一カットも撮ってくれない。組合のことでは本当に苦労したよ。組合の要求を避けるために岡田さんを窓から逃がしたこともあった。岡田さんが車で帰ろうとすると、正門の前で寝転んで帰らせないようした人もいたね。会社側としてもロックアウトをやらざるをえなかった。その頃は組合問題で仕事どころじゃなかったな。(26)

毛利さんは東映の東京撮影所に比べれば、組合運動は大したことはなかったと語ったが、この証言からは当時の運動はかなり激しかったことが窺える。

——組合運動の傍ら、昭和四五（一九七〇）年に、東映とＮＥＴ（現：テレビ朝日）が四代目中村梅之助さんを前進座から迎えて『遠山の金さん捕物帳』の放送を始めます。その刺青も担当されていますよね。

毛利：梅之助さんのお父さんは有名な俳優さん[27]だけど、現場は誰も梅之助さんを知らない。今まで仕事は「本編［映画］」でやっていたから、なんや都落ちしたような感じで。本編のスタッフが皆、現場に行きましたけれどね。大部屋の俳優も、テレビで立ち廻りをするのはなんか妙な感じでした。

当時、テレビプロ［東映太秦映像[28]ほかの通称］の仕事は見下げていました。だから、大川橋蔵さんが主演した『バラケツ勝負』（松田定次、一九六五年）が大コケしたあとに、映画からテレビに行って『銭形平次』をやったのでびっくりしました。映画のほうが潤沢に予算がつきます。ギャラもテレビは安かったから。ライト［照明］を不要にするため、どうしてもロケが多くなります。一日ロケーションしたほうが銀レフ[29]で済みますから。だいたい、撮影はセットの取り合いですから、ロケが中心になります。

やくざ映画全盛時代の京都撮影所

毛利：それでね。やくざ映画が始まると、撮影所にやくざが入りだした。

——そうなんですか？

毛利：その頃、東京から俳優さんが撮影所に来て、「誰がやくざか、俳優かわからん」と言って怖がるようになった。

撮影所でセットや役者同士のもめ事が出て来ると調停するのが、当時の進行主任のNさん。腕に倶利伽羅紋々が入っていて、小指が短い人でした。午後五時になったら、一番風呂に入りに行く。「黒松」という良いお酒を一升瓶で持っていくと、喜んでくれましたけどね。

京都撮影所では、映画で「本職」が合力〔賭博の世話人〕役をやっていて、東京から来た俳優さんはびっくりしてました。最初怖かったよ。

撮影所内でドスの効いた声で「オーイ」と呼びかけられて、誰かな？と思ってたら、これがやくざ独自の呼びかけで。「オマエじゃー」と言われてようやく自分に話しているのがわかった。私が刺青の仕事をしていると知ったら、「ようけ刺青《すみ》入れているキョウダイがいるからいつでも言いなさい。見せたるから」ってね。あんまり参考にならんかったけれど。

京都撮影所での刺青絵師としての仕事が不振となっていた毛利さんにとって、日米合作映画『ザ・ヤクザ』（原題：*The Yakuza*. シドニー・ポラック、一九七四年）は、「Tattoo Artist MOHRI SEIJI」のクレジットが出た思い出の映画となる(30)。

毛利：毎日、刺青描いてしんどかったね。でも好きな仕事だから苦にならなかったなあ。刺青を描きながら、タイトルバックになっている「墨流し」は別室で撮っているんですが、水の上に墨を流して、手で水をまわしてその様子をキャメラで撮ってました。映画ではそこに俳優の刺青がばーんと出て来るんです。

刺青を描かれる俳優も別の手当てがでました。アメリカの映画だから、ケータリングがいい。コーヒー飲み放題、ドリンク飲み放題。

水中撮影はセット組んでアメリカで撮る話になってました。本当はハリウッドに行って仕事をするはずだったのだけど、予算の関係でその話はなくなりました。「みんな、連れて行く」と言っていたのですけどね。

サラリーマン「森清二」

一九七五年、京都撮影所が「本編」と呼ばれる映画を製作し、東映太秦映像がテレビドラマを手がけ、東映京都スタジオが映画村の事業にあたっていた。この年、毛利さんは京都撮影所から、東映京都スタジオに異動する。二〇一六年までは、この三社体制が続く。そして、二〇二四年現在の東映京都は、東映株式会社京都撮影所、株式会社東映京都スタジオ（東映太秦映画村）の二社となっている。

――それでは、『ザ・ヤクザ』を最後に、昭和五〇（一九七五）年から、映画村に所属が移られたわけですね。

毛利：［大部屋俳優たちが所属する］俳優部の中から、一〇名ほど選んで連れて行きました。大道具や小道具、照明は何名、俳優は何名って、移籍に割り当てがあった。いわば、人員整理です。移る前に「給料は社員並み、ボーナスは年二回と社員並みに」と交渉した。僕は剣会のトップになっていて、その頃、課長並みの月給を取っていたから、会社から係長ぐらいの給与を提示され異動を渋ったんだ。そしたら、会社から「まあ、半年間、様子を見ろ」と言われた。その通り、給料は良くなった。課長待遇で定年を迎えました。

一緒に映画村に移った俳優では、剣会の同期で刺青を手伝ってくれていた松田利夫さんがコーヒーの淹れ方を習いに行って、映画村の喫茶店を始めました。彼は人あたりがいいから、一時期、喫茶店は京都で五本の指に入るくらいの売り上げをあげました。

僕は絵を描ける特技を生かして、楽焼屋をやることにしました。知り合いの人から京都・東山の陶芸家の先生を紹介してもらって、開店前に一ヵ月ぐらい習いに行きました。ろくろを回すまでには達しませんでしたが、土いじり、手びねりぐらいできるようにしました。自分の人生のなかでも、土いじりは最高の仕事と思いました。土をこねるのが楽しかったのです。

お客さんは楽焼の茶碗などの素材を絵付けしたら、一〇分で焼きあがって、持って帰れる。「日本橋」のたもとは映画村でも一番良い場所で、店内に「絵師　毛利清二」と、美術部につくってもらった看板をかけ、民芸品や竹製品などを置きました。

その楽焼屋もだんだん「本職」に知られるようになって。僕に刺青を見てもらいたいらしく、店のまわりをやくざたちがうろうろする。店内に入ると、「師匠、見てください」って上半身裸になってね。お客さんたちがびっくりして困りました。

そうそう、映画村で「遠山の金さんの桜吹雪Tシャツ」を作ったら、よう売れました。

――始まってから五年目ほどの映画村は、オープンセットとして撮影にも使う大手門、日本橋、長屋と問屋街などの江戸の町並みと吉原の通り、芝居小屋、宿場町や港町、明治時代の通りにチンチン電車、特撮用のプールとサテライトスタジオがあったそうですね。そして、中央広場に楽焼屋、花見茶屋、サービスセンター、大食堂、土産物コーナー、喫茶、シネショップ、活動大写真館、映画文化館などがあった、と参照した資料にありました(31)。

それでは、映画村のお仕事は、すべて東映の撮影所から異動した人々がやっていたのですか？『自伝』でも「楽焼屋の主人」を映画村でやっていたというお話が出て来てましたが、ご自身のサイドビジネスではなくて、映画村の社員としてやってらしたのですか。では、刺青絵師はいつやってらしたのですか？

毛利：楽焼屋の店主は映画村での新しい仕事でした。［刺青は］撮影を調整してもらって、週一、二回、有給もらって描きに行ってましたね。

映画村がその年［一九七五年］の一一月に開村したけれど、有志で試験的に三日間映画村をやったことがあったんや。友だちと女房が鍋いっぱいのおでんのほか三、四品を小道具の屋台を借りて売ったら、三日間とも午前中に売切。喜んだら、みんなスタッフが買っていた（笑）。あ

図23　楽焼屋の主人をしていた頃の毛利さん

まりに人が来すぎて、トイレが使えないようになってあせったな。[32]

試験的にやったときには、模擬撮影がウケました。フィルムは入れないで本物のキャメラつこうてな。俺は剣会のチャンバラを、台本を書いて演出した。監督役が「よーい、はじめ」と声をかけて撮影を始めると、斬られ役の一人が煙草を着物の胸の部分から落とす。そこで監督が「だめじゃないか、撮り直し」って叫ぶ。一日で七〇〇〇名もの入場者が詰めかけたので、「いける」となって映画村が始まりました。

映画村が始まったあと、「ミスター・ミス映画村」も催されました。ミスター・ミス映画村に決まった子たちのマネージャーをしました。ミスター映画村は二年ほどで取りやめになりましたが、ミス映画村は一〇年ほど続きました。優勝すると、デビューできるのです[33]。準ミスに加納みゆきさんらがおってね。全員で七名。地方から出て来た子たちやから、アパート探しから全部世話しました。嵐電の沿線でアパートを探したのですが、なかなか見つからなくて苦労しました。週二回日舞の藤間勘五郎先生のところで礼儀作法を教えてもらいました。初代準ミスターは三七歳で亡くなった俳優の円谷浩さん[34]。橋爪淳さんは落馬して肋骨折って入院してね。この子らは、『瀬降り物語』(中島貞夫、一九八五年)に出演してます。

――ほかに、どのような仕事をされましたか?

毛利:映画村では、外商もよく行ってました。旅行社、修学旅行や社員旅行などへの外商で売り上げがよかった時代もありました。タクシーチケットもかなりもらってね。そんな人は、スターさんと会社の管理職しかいませんでした。

ほかにもいろいろ仕事をしましたね[35]。映画村でのスターさんのサイン会やショーも、企画してやってました。「松方弘樹ショー」はもちろん、昭和五三(一九七八)年に高倉健さんが「チャリティーサイン会」をしました。サイン色紙を毛筆で書くのです。健さんはすごい上手です。「勝ったお客さんに、ナショナル祭り」を企画して、お客さんに博奕をしてもらったこともあります。「ナショナル祭り」を企画して、お客さんに、ナショナル[現:パナソニック]製品をプレゼント」ってね。女優さんに刺青描いて、壺振りしてもらう。松下幸之助さんが見学に来て、びっくりしていました。

でも、五〇歳のときに大腸がんが見つかってね。ケツから[内視鏡]カメラをぶちこんだら、腫瘍があってカメラがそれ以上もう進まない。すぐに手術をして大腸を一五センチ切ってます。一ヵ月仕事を休んで復帰しました。

だから、今でも、一日一〇錠以上、薬を飲んでます。魔法瓶一瓶分、水も飲んでます。がんになる前はヘビースモーカーでしたが、煙草はやめました。でも、酒はやめてません（笑）。

――楽焼屋さんの思い出は、ほかに何かありますか？

毛利：ありますよ。美智子様と清子《さやこ》様が映画村に来てくれた(36)。当時、美智子様らがお見えになるとのことで、大変でした。楽焼の店も人がいっぱいで。というのは、実はお客さんに「美智子様は店に来られますから、近くで会えますよ」と呼びこんでました。わしはあらかじめ俳優仲間に、「美智子様が店の近くに来たら、合図しろよ」と言ってタイミングをはかっていました。合図があると、千度近い窯から真っ赤に焼けた素焼きの皿を出して、水おけにジャブンとつけた。水蒸気が勢いよく上がるから、美智子様がハッと気づいて店先にお見えになりました。これは、本来のスケジュールになかったことです。

案内役の映画村村長があわてて「彼は、俳優なんです」と美智子様に告げると、「そうなんですか。でも、こういう役があればよろしいですね」と声をかけていただきました。私は窯から皿を出して水につけながら、「ありがとうございます」と言ったのを覚えています。ただ、美智子様が楽焼の店に立ち寄ったために、あとのスケジュールが全部なくなって大変だったようです。

サラリーマンはええ商売と思いました。わしら社員待遇で、ボーナスはあるし、月給もらえる。

社員は［仕事開始］五分前に来ればええから。役者は二時間前にメイクして、「九時開始」で支度する。でも、各部署は九時にセットに入る。だから、役者はいつも待たされる。

東映では、剣会が一〇年、俳優兼刺青絵師が一〇年、映画村で一〇年、計三〇年で六〇歳。昔は五五歳で定年でしたから、［定年後］五年間は置いてくれたわけです。

一九六〇年代には、映画会社五社（松竹、東宝、大映、新東宝、東映）と日活、さらにスター俳優たちが自由な映画づくりを目指して興したプロダクションがあった。その一方で映画離れが急速に進んだため、観客動員数が伸びずに立ち行かなくなる。

おもちゃ映画ミュージアムの太田米男氏が「その頃、映画マニアの高校の先生が名刺にちょっと書きつけたのを持っていくだけで、僕らはタダで映画が観られたけれど、映画館には本当に人が入っていなかった」と語ってくれたが、映画業界全体が低迷期に入ったのである。

新東宝は一九六一年に倒産し、一九七一年に大映が倒産した。そして、よく知られるように日活が青少年層をターゲットとした映画から、ロマンポルノ映画の製作に転換した。各社は会社の存続をさまざまに模索した。各社にいた俳優たちは別会社やテレビに活躍の場を移し、制作スタッフたちもやはり別会社に移るか、残った者は子会社として設立されたテレビ番組制作のプロダクションなどに移り、テレビドラマを作るようになっている。

こうした状況は、東映も例外ではなかった。一九六四年に京都撮影所では、すでに敷地の一部をボウリング場にしている。一九七一年に東映の二代目社長となった岡田茂は、ブームが去ったと見切りをつけ、翌年にボウリング事業から撤退した。そして、「首切りなき合理化」の方針を取り、新規事業として東映太秦映画村を立ち上げたのである。映画村は、京都撮影所を生かすためのプロジェクトであり、二〇二〇年に入るまでは撮影の過程を来場者に見せることをアトラクションとしていた。いわば映画村は京都撮影所存続のための「プロジェクトX」であった。

ちなみに、日活ロマンポルノ『団地妻 昼下がりの情事』(西村昭五郎、一九七一年)ほかに出演した女優の白川和子による日活の社内スタッフに関する証言がある。白川によれば、会社と組合の交渉により、映画制作の現場しか知らないスタッフが、事務所で事務を担うようになるが仕事が合わず、会社を去っていった例があった。また、反対の例もあったそうである。(37)

京都撮影所からテレビ・プロダクションの東映太秦映像と映画村に移籍した人々は、「事実上の左遷」「組合の弱体化・解体」と当時見られており、当人たちもそう自認していた。しかしながら、すぐに「娯楽の中心はテレビ」の時代が到来する。「本編」と呼ばれる映画づくりを、テレビ・プロダクションが製作本数や製作費収入で上回るようになる。

そして、本編を支えるためにオープンした映画村も、京都にテーマパークがなかったこともあり、しばらく入場者数は順調に伸びた。オープンして最初の休日には五万人が来場したといい、開村二年で四百万人が来村して、傾きかけた東映を支えていく。(38)

四〇代に入ってからの毛利さんの仕事人生は、一九七〇年代まで続いた東映の経営不振を背景に、俳優兼刺青絵師と東映太秦映画村のサラリーマンという二つの仕事にまたがっていたことが特徴だといえる。毛利さんは四五歳で東映京都撮影所より、東映太秦映画村を経営する株式会社東映京都スタジオに移り、販売部に所属して楽焼屋の主人を任されていた。その後は映画村の事業発展に伴い、子会社の株式会社東映京都サービス商品営業部、株式会社映画村エンタープライズへとめまぐるしく所属を変え、最終的にはロケーションスタジオやミス映画村の運営、イベント事業などに携わっていた。

当時の東映が、毛利さんに代表されるような映画制作に欠かせない特殊技術を持った人々を撮影所から映画村に移籍させたのは、それほど背に腹は代えられないような状況だったからだといえる。筆者自身も、毛利さんから話を聞いてしばらくは、事情がうまく呑み込めなかった。

わかりやすくいうと、四〇代以降の毛利さんは映画村エンタープライズを定年退職するまで、外部向けには「刺青絵師」に専念する姿を演じていた。なお、この間に受けた雑誌インタビューは、すべて「刺青絵師」として受けている。「サラリーマン森清二」については、一九九八年の『自伝』では、ほぼ語られていない。おそらく、刺青絵師一筋の職人像を強調したかったのであろう。実は「演じる」という言葉をあててよいのかも微妙であり、毛利さん本人は特に葛藤なく楽しく仕事をこなしていたようだ。

筆者にはっきりと「左遷されたんや」、「人員整理だったんや」と語ったが、時代の変わり目に見事に適応した。一般に、映画人には難しいとされてきた「宮仕え」が性に合って、会社員として生き生きと働いた。刺青絵師の仕事は週に一、二回に有休をとっておこない、その他の曜日は「日曜日以外には家でめったに食事しない」ほどのモーレツサラリーマン人生を送った。

がんの手術をしてから食が細くなり、食堂で冗談めかして「血ぃのしたたるような」と前置きして素うどんを注文するようになる。それでも、毛利さんは、モーレツサラリーマン生活を本名の森清二で六〇歳まで通している。映画全盛の時代が過ぎても、毛利さんは『遠山の金さん』、『江戸を斬る』などのテレビ時代劇や東映のポルノ映画、女番長《スケバン》映画などで刺青絵師を続けたのである。

毛利：映画村は始まって一、二年は、お客さんが詰めかけた。でも、それもすぐにパーや。昭和五三（一九七八）年に撮影所の倉庫でボヤがあって、小道具の三分の一が燃えてしまった。お客さんたちの車や大型バスが映画村の中に停めてあったから、消防車が入れなくて。それで、消防署に怒られて、駐車場を別に探さにゃならんことになった。

日本の観光地での客の滞留時間は二時間と言われていて、それで修学旅行生やお客さんなんかがゆっくり飲んだり、食うたり、遊んだりしていたんだが、駐車場が四条や丸太町のほうになった。駐車場が遠くなったら、お客さんの滞在が一時間だけになり、金を使わなくなった。それに修学旅行のやり方も変わってね。前は学校の生徒全員がバスで来た。今は、少人数でタクシーに乗って各地を廻るようになっている。

実は、映画村すぐそばにある広隆寺の坊さんと飲み屋仲間になっていて、寺の土地の一部を駐車場として貸してもらう算段をつけておいたんや。でも、当時の上層部に却下された。そうしておいたら良かったと思っておる。今でも!!

映画村エンタープライズで五五歳の定年を迎えた毛利さんは、六〇歳まで「給与は安くなるが置いてくれる」嘱託となった。その後は東映とは関係のないフリーランスとなり、いよいよ「刺青絵師」の仕事に専念することになる。退職後は、さらに忙しくなって全国のスタジオを飛び回るようになった。特に現在の松竹京都撮影所にはよく行ったという。

一九八〇年代も、高橋英樹主演の『遠山の金さん』、「極道の妻《おんな》たち」シリーズなどのヒット作が続く。他社作品では、高倉健の『夜叉』(降旗康男、一九八五年、東宝)を手がけた。

毛利：NHKがハイビジョン放送を始めたとき、東京に呼ばれてモデルさんの全身に刺青を描く映像を撮影しました。それは大学生だった娘と東京にいる娘の友だちを助手として描きました。女の子のほうが、アイシャドーをぼかすのがうまいから。「いつでも映像は見られますよ」と係の人が言っていたけど、どうなったかな。(39)

日本アカデミー賞協会特別賞と幻の映画企画

一九九二年に、日本アカデミー賞協会特別賞を毛利さんは受賞する。「映画製作の現場を支える種々の職能に従事する」人々に送られる賞で、なぜか公式サイトやパンフレットの肩書きは「刺青師」となっている。毛利さんの誇らしげな羽織袴姿が写真に残る。

——日本アカデミー賞を受賞したご感想は?

毛利:俳優だけやっとったら賞状もらうことはなかったから、良かったと思うな。賞金は一〇万円。福ぼん[福本清三]じゃないけど、私の仕事も「どこかで誰かが見ていてくれる」と思いました。スターさんも、大部屋の役者の刺青も上下なく、心を込めて描きあげてきましたから。

——毛利さん、お仕事の映像は残っていないのですか?

毛利:うちにたしかフィルムが一本あったよ。キャメラマンがテレビ用フィルムの切れ端を集めて回してくれた一六ミリフィルムが。俺が三条通から撮影所に入っていくと、守衛さんが最敬礼して、俳優会館の刺青部屋で仕事する……というのがあって一五分ほどかな。俺がホン[台本]を書いて、監督というか……。

——それは貴重ですね。ぜひ探してください。(40)

毛利：映画といえば、刺青絵師三〇周年を記念した映画の企画がありましたんや。
――そうですか。これが映画の台本ですか。

毛利さんが持参してきた「毛利清二 刺青絵師三〇周年記念映画企画」と表紙に印刷されている『女帝 美しき獣』の台本（準備稿）を一読する。[41] 脚本はあの中島貞夫監督であった。台本は濡れ場の続出で、総理大臣に後にのぼりつめる代議士とヒロインが対峙する場面が映画のクライマックスとなる。毛利さんには彫師役が用意されていた。関本郁夫氏が監督する予定で進んだ企画であった。

――この企画は、結局どういうお話になったのですか？
毛利：五〇〇〇万円までは出してくれる人［不動産王のMさん］が現れて、東映に話を持っていった。そしたら、制作費に八〇〇〇万円はかかると言われた。「東映は守衛さんから大道具、小道具、食堂のスタッフまですべての人に給料を払っているから、五〇〇〇万円では三〇〇〇万円足らない」とね。それでこの企画はボツになりました。
――そうですか。ほかに何か企画はあったのですか？
毛利：映画を諦めて、本を出した。『刺青絵師――毛利清二自伝』（古川書房、一九九八年）という本があったろう。あれが三〇周年記念の出版となった。大阪のスポーツ新聞で連載していて、それがまとまったのがあの本だった。

——そうだったのですか。

そうだ、ご趣味は何ですか？

毛利：ゴルフ。始めたのは私が早くて、「ズッコケクラブ」というのをつくってやってました。映画村で「ズッコケゴルフコンペ」というのもやっていて、松山英太郎さんがいつも一位。コーちゃん［里見浩太朗］かオレがだいたい二位。

でも、俳優部でゴルフやっていたのは俺ぐらい。刺青の仕事をして、多少金回りが良かったからかな。東映を定年退職したあとの七〇代までは品川隆二さんや宍戸大全さんと、週一、二回、ゴルフに行ってました。

ゴルフは一番安い遊びでね。二万円で朝から晩まで遊べる。健康になるし、ビールがうまい。祇園に行ったら、なんぼかかることか。

さて、一九九〇年代までは、映画でのやくざや刺青表現に対しては、まだおおらかな傾向があった。だが、二〇〇〇年代に入ってから、刺青の仕事が徐々に減りだしたという。毛利さんは七三歳のときに『新・仁義なき戦い／謀殺』（橋本一、二〇〇三年）で渡辺謙らに刺青を描いたが、それが映画では最後の仕事である。俳優としての出演は、北大路欣也主演『名奉行 大岡越前』第一シリーズ第五話「直助 権兵衛の一件」（二〇〇五年、テレビ朝日）が最終となる。そして、八〇歳の誕生日に引退の日を迎えた。刺青絵師としての最後の仕事となったのが、二〇一〇年六月六日に放送された高橋英樹出演のスペシャルドラマ『鬼龍院花子の生涯』(テレビ朝日)であった。二〇〇〇人以上の俳優に刺青を描いてきた俳優会館の「刺青部屋」は、現在は控室に改装されている。

——それで、引退後はどのように過ごされてました?

毛利:絵筆を使う仕事がなくなったのですが、手先が器用なので、針仕事を始めました。仕立屋銀次を目指して、三万円ほど出してミシンを買いました。することないから、縫い物してましたんや。ズボンやシャツの裾直しも全部自分でやる。天神さん[北野天満宮]では毎月二五日に天神祭があるので、反物と浴衣を買ってきます。二、三千円の浴衣やショルダーバッグを買ってきて、自分でほどいて型紙をつくる。「こうしてできてるのや」と確認してから縫うのです。僕は腕が長いから幅の広い浴衣地を買ってきて、それで、浴衣をつくりました。ショルダーバッグ、カバン、肌襦袢、ステテコなんかをずいぶん作りました。

で、最近、「刺青の下絵をどうしようか」と思い始め、絵の整理をしだして、そうしたら、このインタビューの話がありました。

——そうなんですか。ちょうどタイミングが良かったんですね。

毛利:ただね、家の裏庭においてあった資料や下絵は、湿気でくっついてしもうた。それから、ずっと撮影していた健さんの写真[42]も、ずいぶんダメになりました。たまたまベニヤ板ではさんでひもでしばって新聞紙にくるんで、家の中の本箱の前に立てかけてあった下絵が状態よく保存されていて。それは先生に見せた通りや。インタビューのときに下絵を持ってきたほうが実際の話がわかるやろうと思って、持ってきましたのんや。

――もし、このインタビューがなければ下絵はどうされてました?

毛利：来年あたり処分していたかな。置き場所もなく捨てるつもりでした。

映画図書室では、「捨てるのなら、こちらですべて引き受けます」の姿勢で資料収集につとめている。実際、家族からの電話での相談を受けて、引き取りに行ったことも多々あるそうである。ただし、「丸ごと寄贈すること」が条件である。このインタビューと企画展をきっかけに四〇〇点以上の刺青の下絵、そして写真などの資料は、東映が管理することになった。刺青関連の資料が収蔵されている日本の博物館・美術館は限られており、下絵が散逸せずにあるべきところに納まったことに安堵を覚える。

元気の源はラブの散歩

毛利：ワシの元気の源は、ラブちゃん。ラブの散歩。

――ラブちゃんですか？

毛利：娘がね、二〇〇二年、七二歳のときにラブラドールレトリバーの子犬を連れて来た。ラブって名づけて朝に晩に三〇分ずつ散歩させていたら、足腰が元気になっていた。ラブは家族や。ラブと自分の雨ガッパをお手製で作って、雨なんかのときでもカッパ着て出かけていた。朝七時頃散歩させていると、ロケバスを見かけて、「あんなのに乗ってたな」と思っていた。こんな生活を一五年間続けたけれど、ラブは二〇一七年八月一七日に死んでしまった。水を飲んだらクーンと鳴いて、力なくワシの腕の中で脱糞して。しょせん、畜生だからな。わしは一晩中抱いて泣いていた。葬儀屋は車でくんのや。おがんでくれて、身体全部拭いてくれました。

――その前には何か飼われてましたか？

毛利：ポメラニアンのボギーちゃん。一五年、うちにいました。ちっちゃいうちはジャンパーのポッケに入れて、俳優会館の演技課に連れて行ったこともあった。松方さんの刺青を描いているときも、演技課の机にちょこんと座っていた。居酒屋にも一緒に行ったな。今も猫二匹がうちにおるよ。子犬もいます。

そうそう、生き物が死ぬときは皆同じ。じいさんも、ばあさんも、ラブも、死ぬときは脱糞した。わしもそうだろう。

［急に］じゃ、さよなら。

――えッ、ちょっと待って下さい。これでさよならですか？　いやですよ、毛利さん。

このインタビューは、毛利さんの刺青絵師としての側面を重点的に記録することから始まり、徐々にライフヒストリーに迫る形で進んでいった。毛利さんは、俳優や刺青絵師として活躍した時代を生き生きと回想し、展覧会の展示や開催したイベント、この書籍に掲載する下絵についても積極的に提案された。

最初から数回のインタビューでは、毛利さんも緊張していたのか、幾分かしこまった口調で話されていた。しかし、後半はかなりくだけた語り口になって、打ち解けてくれたことが窺える。「脱糞」のやりとりは、二〇二三年八月に実施した九回目となるインタビューの別れの際の会話である。毛利さんは「自分はいつどうなるかわからない年齢《とし》だから」と漏らすことはあったが、九回目のインタビューまで常に前向きであった。ご自身の死を覚悟した言葉を明確に語ることもなかった。毛利さんが心配するだろうからと、辞去する直前に「しばらく京都に来られなくなりそうだから」とインタビュー直前に家族に起こった事情を打ち明けていた。母が熱中症で入院し、その二日後に八六歳の父が自宅階段から滑り落ちて左大腿骨を骨折していた。筆者が京都に来たのは、医師から手術の際の全身麻酔についてのリスクを説明されたあとであった。当日は仕事を休んだ妹が父の手術に立ち会ってくれ、予定通りにインタビューを進めることができた。その後、認知症になった母や、父の故郷にいる高齢の伯母を見舞うなど、実家や病院、その他の場所に頻繁に通うことになり、生活が激変した。

毛利さんとの「脱糞」のくだりは、しばらく京都訪問が難しくなることを自覚していた筆者にとって、無性に心に響くものであった。毛利さんも、幾分かは心に期するものがあったのではないかと思う。

筆者は、これまで何人もの人々に話を伺ってきた。研究が目的とはいえ、年代や職業、文化が異なるさまざまな人々へのインタビューは知らなかった世界への扉を開き、知識と人生を豊かなものにした。だが、幸せな時間と引き換えに、ほどなくして親しくなった高齢の方を中心に見送ることにもなった。容体が急変したとの知らせを受けて、亡くなる数日前にお会いできたこともあるが、ほとんどは間に合うことはなかった。また、一年ほどおいて当地を訪れると、終日楽しく過ごした方とかみ合わない会話を交わすことになった。お話を伺っている間は、会話が交わせる時間ができるだけ長く続けばよいと思うのだが、そうはいかない事情が、どちらか、どちらの側にも生じてしまう。人の世はままならないものだと、研究を始めた二〇代には気づかなかった側面を思い知ることになった。

他者のライフヒストリーを丸ごと理解したいと願っても、果たして叶えられるのだろうか。毛利さんが、「あともう一息で完成に近づくと思いつつも、絵筆を置かざるを得ない」と述べたように、筆者もインタビューを受けてくれた人とその人が生きる世界にもっと踏み込んでみたいと思ってきた。だが、お相手の年齢や時間など、さまざまな制約がある。筆者は調査ノートをはじめとする記録をもとに文章をまとめながら、お話を伺わせていただいた方の仕事や人生を適切に再現しえたのだろうか、といつも自問自答する。今回のインタビューは、毛利さんの九四年の人生からすれば一瞬にすぎない。筆者は、学生時代に受けた指導もあり、いつも単独でインタビューをおこなってきた。しかしながら、インタビュー対象が一人であっても、一人の力ではその人のライフヒストリーを余すことなく記録するのは難しいと今回悟った。専門や領域の違う人間が協力することで、より総合的に多角的にその人の生の軌跡を描きだすことができる。今回のプロジェクトは、そのような仕事になったと思う。

幸いだったのは、原田が筆者のインタビューを実質的に引き継いでくれたことであった。文化人類学の調査方法では、集落に住み込むなどして、可能な限り日常的なつきあいをしながら話を聞くことが奨励されている。筆者から何も言わないうちに、原田はその調査方法を実践してくれた。毛利さんが下絵の整理のために映画図書室に毎週のように訪れ、原田は四〇〇枚以上となる下絵について一点一点、撮影時のエピソードの聞き取りをして、データベースにまとめていった。その日の作業が一段落したあとに、原田は毛利さんと食事するか、酒を酌み交わし、人と人とのつきあいをしてくれた。お互いに本心を言えるような関係性になれたことは、今回のプロジェクトにおいて大きな利点があった。人類学的にみれば、原田がその交わりを続けたことによって、数々の俳優と毛利さんとの交遊の諸相を記録し、フィルモグラフィーをより充実させることにつながった。筆者の担当原稿に関して、原田が補足してくれた情報も多い。頼もしい相棒を得たことで、展覧会と書籍出版にこぎつけることができた。

最後になったが、東映京都撮影所と映画村、そして携わった映画・テレビドラマを支えたさまざまな知恵と経験について、毛利さんが今後もより多くのことを語り残してくれることを筆者たちは願ってやまない。毛利清二さん、二年間伴走していただきありがとうございました。

解説

解説1

刺青が物語を駆動する――「映画的刺青」のナラトロジー

原田麻衣

「デビュー作」の裏にあるもの

本書のもととなったインタビューの初日に映画村映画図書室の一員として偶然その場に居合わせた私が、毛利さんから資料のアーカイブ化を任されるようになって早くも一年半が経つ。毛利さんの所蔵する四〇〇点以上の下絵がどの作品のどの役者と関連するのか。毛利さんがこれまでに担当してきた作品はどれくらいあるのか。まずはこうした基礎情報の整理を目標とし、週に一度、毛利さんとともに五〇年に亘る刺青絵師人生を辿り直してきた。その過程で一点だけ、どうしても意見の食い違う箇所があった。「デビュー作は何か」である。『自伝』でも明言しているように、毛利さんは自身のデビュー作を『博奕打ち 一匹竜』(小沢茂弘、一九六七年)と説明する。(1)

張本人がそう言っているのだから、聞き手としてはそのとおりに理解するのが筋だろう。しかし、私は「アーカイブ化プロジェクト」において、いちいち映像や文献をチェックするというなかなか厄介な役割を果たしており、幸か不幸か映画図書室には「裏付け」に必要な資料が十分揃っていた。いつしか毛利さんは、話し手と聞き手の関係ではなく、ともに正確な記録を残そうとする「チームメイト」として私を受け入れてくださったように思う。それゆえ何か情報を訂正したとしても「ああ、そうか、そうだったか」と収まるのだが、「デビュー作」に関してだけは異なっていた。いくら『監獄博徒』（小沢茂弘、一九六四年）ではすでに鶴田浩二さんをはじめ多くの役者さんに描いていますよ。下絵もあります」などと映像と下絵をセットで提示しながら言ってみても、刺青は『一匹竜』からであり、それまでは「いたずら描き」というのが毛利さんの回答だった。たしかに刺青の腕を競う「刺青大会」が見せ場の『一匹竜』は、確認する限り毛利さんが「刺青」として初めてクレジットに載った作品であり、何十人もの役者に徹夜で描き続けたという強烈なエピソードも残っている。(2) このとき実際に彫師のもとを訪ねて図柄や道具について勉強した経験も刺青絵師のキャリアにとっては極めて重要だっただろう。とはいえ、一九六五年の『週刊現代』一一月一八日号では、すでに『花と龍』（山下耕作、一九六五年）の撮影で淡路恵子に刺青を描いているスナップとともに、毛利さんは「役者兼刺青師」として紹介されており、(3) 巻末のフィルモグラフィーに記したとおり、少なくとも東映京都撮影所が任侠路線に乗り出した『博徒』（小沢茂弘、一九六四年）を含め一九六四年には五本、翌一九六五年には大幅に増加して一〇本、さらに一九六六年には一三本もの作品で刺青を描いている。そのなかには刺青を背景にしたタイトルバックから始まる『関東やくざ者』（小沢茂弘、一九六五年）や、松方弘樹と北島三郎にそれぞれ「昇り竜」「下り竜」を施した『兄弟仁義』（山下耕作、一九六六年）など、とりわけ刺青の目立つ作品も多い。もちろん、本人が振り返るとおり大部屋俳優に眉墨で小さな図柄を描いていた時代もあったに違いないが、少なくともそれは『博徒』以前の話であろう。任侠映画が量産されていく頃にはすでに、使用道具や描くプロセスに関して基礎的な土台があったとみるのが妥当である。ただし、重要なのは、最初に手がけた作品を突き止めることではない。一九六四年から東映京都撮影所における任侠映画の刺青を支えてきたのにもかかわらず、刺青絵師本人が『一匹竜』をデビュー作とする背景には何があるのかである。その一端が垣間見えたのは、「毛利清二の世界 映画とテレビドラマを彩る刺青展」を終えてしばらく経ってからのことだった。何かの話の流れで毛利さんがふと、「『一匹竜』のときに初めてフィルムチェックができたんだよ[4]」とおっしゃった。ここでのフィルムチェックとは、撮影前になされたという「色」のチェックである。

本書第一章に収録された発言からもわかるとおり、俳優の身体に描かれた刺青そのものと、カメラとフィルムを介してスクリーンに映し出された刺青とでは色の出方が違ってくる。毛利さんにとっての「完成形」は当然のことながら後者であるから、スクリーンでの色を想定して色料を作らなければならない。さらに、『一匹竜』における刺青大会のシーンでは、本物の刺青を背負った江戸彫勇會の人々と、刺青絵を描かれた俳優が同一フレームに収まることになり、それらの色をある程度合わせる必要があった。つまり、色に関してだけでも、墨の黒と血が混ざった刺青独特の「ブルー」を作り出し、その色や質感をスクリーンに出すという二つの課題があったのである。そこで初めて毛利さんは、事前に色のチェックをさせてほしいと頼んだそうだ。役者仲間や照明部、撮影部などに協力してもらい、どの墨の色をどのような肌に乗せ、どのくらいのライトを当てるとどのような色としてスクリーン上にあらわれるのか、細かくテストを重ねたという。それまでは想像でやるしかなかったという毛利さんが、自分の仕事に確信を持った瞬間だった。この本物と見分けのつかないような色こそ、毛利清二による刺青の大きな特徴である。

ここからは、考察の対象を目の前にいる毛利さんから刺青絵師・毛利清二、そして「毛利による刺青」にシフトさせ、毛利の描く刺青のスタイルを確認したうえで、そうした刺青が映画においてどのような役割を担ってきたのかを考えてみたい。

現実と造形のはざまで――「映画的刺青」が切り開いた可能性

映画史を振り返ってみれば、撮影所内で刺青というやや特殊な仕事を任されていた人物は何人か存在する。例えば、山本の「解説3」にもあるように、一九五〇年代の東映京都撮影所では尾上華丈と越川秀一が主に時代劇での刺青を担当していた(5)。また、東映東京撮影所では霞涼二が刺青を描いており、その活躍時期は毛利のそれとほぼ重なっている。さらに日活では、任侠映画ブームの先駆け的存在といえる『花と竜』（舛田利雄、一九六二年）や『男の紋章』（松尾昭典、一九六三年）を手がけた河野弘を筆頭に、『黒い賭博師』（中平康、一九六五年）の戸波志朗や『刺青一代』（鈴木清順、一九六五年）の大中豊が腕を振るっていた。(6) なかでも河野、霞、そして毛利は、一九六〇年代の日本映画における「エロ・やくざ映画ブーム」(7)の到来を受けて、数多くの作品で刺青を描くことになる。現実的には、ここに挙げた人物は全員、少なくとも刺青絵師と俳優という二足のわらじを履いており、撮影所のなかでは、「刺青師」「刺青絵師」「刺青」などと呼称も定まっていない不安定な職業に就いていたといえる。それでも、撮影現場での各仕事を『キネマ旬報』の連載にまとめていた兼山錦二が、日本で「やくざ映画が隆盛してからとくに求められるようになったのが刺青」であり「一般的には美術監督のもとに入らない特殊な仕事」と説明するように、日本映画史にはたしかに、美術にも美粧にも分類されない「刺青絵師」という一過性の専門職が存在していたのである。(8)

　ではそのなかで、毛利による刺青にはどのような独自性があったのか。まずもって挙げられるのは、やはり先にも述べた「色」そして「質感」であろう。墨の黒ではなく、血と混ざって青みがかった色を作るために試行錯誤し、できる限り「描いた」と思わせないような質感を出すために、詳細は明かされていないが色料以外の面でも工夫を重ねたという。図柄に関しても、和彫りと同様に浮世絵や仏画の題材を基本としており、一年で約二〇本の映画を手がけていた一九七一年には「彼の彫物のレパートリーは、本職の彫師がうらやむほど」(9)と書かれた記事も残っている。

よく見ると線に迷いがなく、筋彫りの部分の太さに波がないことも「描いた感」をなくしているといえるだろう。本物と見比べても遜色のない刺青。これが毛利の基本姿勢であった。しかし同時に、本当らしさと同じくらい重視されてきたと思われるのが、「映画のための刺青であること」である。

映画において刺青はたいてい衣服で覆われており、画面上にあらわれるショットはそう多くない。そのうえ刺青映画の代表格である任俠・やくざものにおいて衣服を脱ぐときといえば、だいたいが立ち廻りかベッドシーンであり、その場合に提示されるのは揺れ動く刺青である。「映画では、刺青に馴染みのない観客でも一目で何の刺青かわかるようにしなければならない」と毛利は言う。例えば、高倉健の背中に舞う「唐獅子牡丹」が印象的な「昭和残俠伝」シリーズは、一作目『昭和残俠伝』(佐伯清、一九六五年)から三作目『昭和残俠伝 一匹狼』(佐伯清、一九六六年)までを本職の彫師である二代目彫芳が、四作目『昭和残俠伝 血染の唐獅子』(マキノ雅弘、一九六七年)から最終作『昭和残俠伝 破れ傘』(佐伯清、一九七二年)までを——東映東京作品にもかかわらず——毛利が担当している。刺青を専門とするわけではない筆者に両者の仕事を歴史的・美学的基準から比較することなど不可能だが、毛利による「唐獅子牡丹」は誤解を恐れずにいえばわかりやすい。それはなぜか。顔や姿がはっきりと描かれているからである。二代目彫芳による躍動感あふれる「唐獅子牡丹」は、『昭和残俠伝』で助監督を務めた降旗康男が「あれほど美しい唐獅子牡丹を見たことがない(10)」と振り返るように、その完成度を疑う余地はない。そして、毛利の腕を考えれば、彫芳の描くような唐獅子の構図に近づけることもできただろう。しかし、毛利の刺青では「わかりやすさ」が優先されている。これは毛利の描く刺青に共通する特徴であり、したがって「唐獅子」だけでなく「龍」や「鯉」、はたまた「不動明王」や「観音菩薩」のような図柄でも、よく見ると「顔」にあたる部分が少し大きめに描かれている。細かすぎない程度に、しかし、細部まで作り込まれている背景から中心となるモチーフが浮かび上がるのはそのためだろう。だからこそ、ワンショットであっても、登場人物がどんな刺青を入れているのかがだいたい分かるようになっているのである。本当らしさを追究する一方で、映画向けにアレンジする態度は一見すると矛盾しているように思われるかもしれない。しかし、他でもない映画とは、写真的なリアリズムの性質と映画技法を駆使した造形的な性質の両方に支えられているメディウムである。その意味で毛利による刺青は、まさに「映画的刺青」なのだ。

こうした映画的刺青は、映画のなかで刺青が果たす役割により広い選択肢を与えることになったといえる。刺青が登場する映画の伝統を考えてみるならば、「遠山金四郎」の桜吹雪がそうであるように、刺青は登場人物の属性を示すものとして大きな効果をもたらしてきた。刺青の存在によって物語が展開しているのであるから、その意味では当然説話的な細部である。しかし、そこで重要なのは刺青それ自体の有無であり、登場人物の心情や物語の状況などが刺青を介して表象される例はあまりみられなかった。そもそも不可逆的な性質をもつ刺青が流動的な何かをあらわすことのほうが難しいともいえるが、それでも一九六〇年代に入り「エロ・やくざ映画ブーム」の影響から刺青の登場する映画が量産されるようになると、次第に刺青に託される役割が増えていったと思われる。例えば『現代任侠史』（石井輝男、一九七三年）では、任侠の世界から縁を切った男、島谷（高倉健）が、かつて世話になった組の無念を晴らすために敵の陣地へ一人乗り込んでいく。目的を果たしたところで島谷の身体にはピストルの弾が集中し、最後のトドメは背中の観音菩薩の顔に向けられる。そこからスローモーションであっちこっちへ移動しつつふらふら倒れていくところで本作は終わるのだが、倒れる瞬間は描かれない。島谷の死は観音菩薩の消滅によって示されているのである。また、『陽炎3』（吉田啓一郎、一九九七年）では、やくざ同士の抗争に巻き込まれた女胴師・城島りん（高島礼子）が、背中の「観音菩薩」に付けられた傷を、敵対する関係にありながらも自分を救ってくれた同業者の岩田（深水三章《しんすいさんしょう》）に手当てされるシーンがある。ここでは、「観音菩薩」に入った傷が、拷問を受けたおりんの苦しみを提示し、傷ついた「観音菩薩」を見せるという行為自体が、自分の弱みを見せるという意味で、心から岩田に気を許すおりんの心情と結びついている。あるいは、二人のチンピラの中途半端さが「流れる刺青」によって露わになる『懲役太郎 まむしの兄弟』（中島貞夫、一九七一年）におけるラストシーン（本書第一章を参照）もまた、説話的な刺青だといえるだろう。そして刺青がこのように物語上の「仕掛け」として十分機能するには、やはり刺青の本当らしさと、瞬時に判読可能なデザインの両方が必要なのである。

刺青、愛することの持続――『鬼龍院花子の生涯』

このような仕掛けとしての刺青が、物語のなかでとりわけ重要な役割を占めることになった作品がある。『鬼龍院花子の生涯』(五社英雄、一九八二年)である。宮尾登美子の同名小説を原作とした本作では、高知の侠客・鬼龍院政五郎(仲代達矢)とその子分衆、そして政五郎のそばに生きる女性たちを中心とした鬼龍院一家の隆盛と衰退が描かれている。決して刺青をテーマにした物語ではないが、政五郎をはじめ、本妻の歌(岩下志麻)や敵対する組長の妻・秋尾(夏木マリ)が刺青を入れた人物として登場する。実際に現場で使用された撮影台本を見ると、台本上に刺青の指示があるのは政五郎と秋尾のみであり、歌の刺青に関する記述は見られない。[11] しかし、この歌の刺青こそ、物語に通底するテーマを導き出している。

映画のなかで歌の刺青が示されるのは、歌が死にゆくときである。本作において、政五郎と歌はほとんど鬼龍院一家を支える同志のような存在として描かれており、二人の仲は恋愛感情という面では冷え切っているようにさえ思われる。政五郎には複数の妾がおり、とりわけ、そのうちの一人・つる(佳那晃子)が政五郎との子ども・花子を産んでから、政五郎の愛はつると花子に向けられていた。そのような状況で歌がチフスにかかり、もう余命いくばくもないというとき、歌は重篤な身体を起こして化粧をし、髪を梳かして芸妓をしていたかつての姿になろうとする。そして政五郎の「惚れた」という言葉とともに、政五郎と過ごした幸福な過去、おそらく歌が最も幸せだった瞬間の回想に入るのだが、その回想に入る直前、歌は震える手で自分の太腿にある

「龍と牡丹」の刺青を、まるで政五郎の身体に触れるかのようにゆっくりと撫でる。歌は政五郎の背負う「龍王太郎」と「牡丹」の一部を自分の身体に刻み込んでいたのである。(12)

小説『鬼龍院花子の生涯』から映画『鬼龍院花子の生涯』への翻案について、ここで詳細に検討する余裕はないが、どちらにもワンフレーズのみ登場する本がある。ライナー・マリア・リルケの『マルテの手記』である。原作では、のちに松恵と交際する下宿人の田辺と少女時代の松恵が一言だけ、「これ何でしょうか」「『マルテの手記』ですよ」と会話をし、(13)映画では、松恵が労働組合の活動によって拘置所に入れられた田辺に『マルテの手記』を差し入れ、そこから二人は心を通わすことになる。小説でも映画でも、松恵と田辺の間にはさまざまな制約があり、対面する場面もそう多くない。しかし、両者はずっと互いを想い続け、その契機には『マルテの手記』がある。(14)なぜ『マルテの手記』なのか。

『マルテの手記』は、デンマーク出身の若き詩人マルテ・ラウリッツ・ブリッゲが孤独なパリの生活のなかで書きつらねた手記という形式をとっている。生と死、そして愛の「存在」を問う本作で描かれるのは、訳者の大山定一が的確にまとめたように、「人間の決意がこんなにあやふやになり、愛がこんなにいいかげんなものになり、人間が死に対してこんなに無能力になってしまった」状態で、「いま人間はどのようにして生きてゆくことができるか」である。(15)マルテの辿る没落の運命は、小説および映画『鬼龍院花子の生涯』における人々の絶望と重ね合わせることができるだろう。しかし、ここでより注目すべきは、『マルテの手記』でマルテが示す「愛」についての考察である。マルテは愛されることから離れ、孤独のなかで愛する道を選んだ。マルテは原稿の欄外に書いている。「愛されることは、ただ燃え尽きることだ。愛することは、長い夜にともされた美しいランプの光だ。愛されることは消えること。そして愛することは、長い持続だ」(16)。

この「愛することの持続」こそ『鬼龍院花子の生涯』を貫く一つのテーマであろう。そしてそれは映画において、松恵と田辺の関係のみならず、歌から政五郎への愛にも当てはまる。小説では、刺青を背負っているのは政五郎のみで、当然、歌の刺青などは出てこない。また、「豆手と猫」の刺青を入れている秋尾に該当する人物も映画オリジナルである。小説と比較して刺青のある人物が増えているのは、東映任侠映画のお家芸かもしれないし、はたまた刺青を愛した監督・五社英雄の意向だったかもしれない。しかし、映画で付け加えられている歌から政五郎への愛、あるいは歌と政五郎の消えることのない接点が、「龍と牡丹」の刺青にあらわれていることは確かだろう。身体のある限り持続する刺青は、ここで「愛することの持続」を背負っているのである。

解説2

時代劇・任俠・実録——東映と刺青映画の三〇年史

山本芳美

本稿では、東映の一九五〇年代から七〇年代を中心に、東映京都撮影所が製作した映画について解説していきたい。

東映は、東宝、松竹、日活などに比べると、戦後生まれの新しい会社である。東映は一九四九年に創立した映画会社で、本社は東京にある。もともとは、東京映画配給会社が太泉映画、東横映画を吸収合併して、東京急行電鉄（通称：東急）の子会社となった映画会社である。経理通の東急社員であった大川博が、合併前の三社が抱えた莫大な赤字を整理するため、東映初代社長となった。

東映には、傘下に多数の子会社がある。[1] 映画・テレビドラマのほかに、アニメーション、特撮、教育映画制作もしており、一九七〇年代には「不良性感度の高い」やくざ映画やポルノ映画の一方で、児童層向けの映像作品も数多く作っている。タクシー会社や東映フライヤーズという野球チームを有していた時代もあった。

この東映には二つの撮影所がある。京都市右京区太秦にある京都撮影所と、練馬区東大泉にある東京撮影所である。京都と東京の撮影所は別組織で、映画会社で二つの撮影所をもつのは東映のみである。映像制作の比率は京都撮影所が八割、東京撮影所は二割といわれる。京都撮影所では、時代劇に任侠映画、テレビドラマでは時代劇と現代ものなどを主に製作し、東京撮影所はギャング映画や現代劇を製作してきた。

京都撮影所は日本最大級の撮影施設であり、多くの屋内スタジオを所有している。映画では二〇〇〇本以上、テレビドラマでは九〇〇〇話以上の作品を生み出してきた。高橋英樹さんがインタビューでも触れているが、京都撮影所の特色の一つは、屋内スタジオ（ステージ）が土床であることで、防空壕や池などを造れる日本唯一のスタジオとなっている。

撮影所誕生から時代劇全盛、そして任侠映画へ

さて、毛利清二が所属した京都撮影所は、阪東妻三郎が一九二六年に太秦に建設した「阪東妻三郎プロダクション太秦撮影所」を引き継いでいる。五〇〇〇坪を越える広さを有する「阪妻プロ」の撮影所が建設されたことを皮切りに、松竹、大映ほかの撮影所が次々と太秦周辺に建設さ

れ、俳優や映画を支える技術スタッフが付近に住むようになっていった。

毛利が京都撮影所俳優部の専属となったのは、一九五五年。翌五六年九月には、京都撮影所には二条城をモデルにした「東映城」と呼ばれる時代劇の巨大セットが完成し、二四時間、来る日も来る日も時代劇を文字通り「大量生産」する体制となった。

ところが、一九五三年に放送が開始されたテレビが大衆娯楽の中心になっていくと、映画業界全体が斜陽化する。京都撮影所の所長であった岡田茂が東京撮影所のテコ入れを任され、次の路線を模索した。その一つの『人生劇場 飛車角』(沢島忠、一九六三年)が当たったことで、岡田は任侠路線に力を入れた。『人生劇場 飛車角』は、日活が石原裕次郎を主演に据えて『花と竜』(舛田利雄、一九六二年)で大ヒットを飛ばしたことを参考に、原作小説では脇役であった飛車角を主人公に据えて、東京撮影所で製作した。『人生劇場 飛車角』は、義理と人情を重んじる任侠の世界を映像化して、この年度の日本映画配給収入ベストテンで第六位となる。

一九七一年に岡田茂は二代目の社長となるが、一九六三年から一九七三年頃まで任侠路線を主軸とした映画製作を堅持した。京都撮影所の時代劇のセットを活かせることもあり、一九七二年まで任侠映画が続々と製作された。二週間興行で次々に映画が公開された時代の話ではあるが、映画研究者の楊紅雲によると、一九六三年から一九七二年までに東映が製作した全映画六七三本中二三五本が「任侠映画」であった(表1)。

この時代の東映任侠映画のプロデューサーとしては、俊藤浩滋《しゅんどうこうじ》がよく知られる。俊藤は

表1　東映任侠路線映画の製作本数（1963－1972）

年次	1963	1964	1965	1966	1967	1968	1969	1970	1971	1972
製作総本数	101	74	65	68	58	64	61	61	58	63
任侠映画本数	7	9	20	26	37	29	28	30	23	26

出典：楊紅雲「任侠映画路線における東映の成功――テレビに対抗した映画製作（1963-1972年）を中心に」『多元文化』第4号、2004年、193頁。

表2　「やくざ映画」の製作本数（1963－1993）

年	本数	年	本数	年	本数	年	本数	年	本数
1963	41	1970	86	1977	21	1984	7	1991	17
1964	52	1971	64	1978	16	1985	9	1992	12
1965	76	1972	47	1979	19	1986	8	1993	10
1966	86	1973	48	1980	8	1987	16		
1967	82	1974	40	1981	13	1988	16		
1968	66	1975	27	1982	12	1989	11		
1969	93	1976	35	1983	8	1990	12	計	1058

出典：福間健二・山崎幹夫編『大ヤクザ映画読本』（洋泉社、1993年）より筆者作成。

一九六四年から東映京都撮影所を中心に、任侠映画製作に本腰を入れていく。

俊藤が製作指揮した任侠路線の映画のストーリーは、勧善懲悪を基本としている。任侠映画はフォーマットがほぼ決まっており、映画のあらすじもほぼ同じである。まず、映画冒頭で「明治の中頃」、「大正の頃」、「昭和のはじめ」などとあいまいな時代が提示される。時代や土地の設定、主演・脇役の役者にはさまざまなバリエーションがつけられるが、基本的には折り目正しく堅実に生きようとする旧態派のやくざ者が、法律や行政を後ろ盾に乗り込んでくる新興勢力の横暴によって追い詰められる。進退窮まった人々と自身を救うため、子分や用心棒が多数控える敵の本拠に捨て身の殴り込みをかけるのがパターン化していた。

東映が任侠路線を当てたことにより、日活、松竹、大映など他社においても、任侠映画が多数製作された。一九六三年からの三〇年間で東映ほか各社により一〇〇〇本以上が製作されているとのデータもある(2)(表2)。

実録路線・ピンキーバイオレンス映画への転換

時代劇から任侠映画へ、そして任侠映画が飽きられ始めるや、東映が乗り出したのは実録路線の映画製作であった。「実録シリーズ」と総称される映画は、実在の事件・人物をモデルとしており、同時代性が増し、暴力が際立つ演出となった。東映の実録路線の映画は、『仁義なき戦い』(深作欣二、一九七三年)が、嚆矢として位置づけられる。「仁義なき戦い」は、第一作が一九七三年に公開されたあとに、シリーズ化される。さらに、実録映画自体は、一九七九年まで製作が続くが、『北陸代理戦争』(深作欣二、一九七七年)でのトラブルから、撤退する(表3)。

この実録路線への軸の切り替えは、観客の主要年齢層の上昇に対応してもいた。五〇年代から六〇年代に時代劇や任侠映画を映画館に観に来た主要観客層は、次第に高齢化して、家庭内で観られるテレビ時代劇の視聴者となっていった。

このため、ブルーカラーの独身男性や学生運動の大学生など、二〇代前後の観客を掘り起こそうと、岡田茂は「不良性感度」に基づく映画づくりを標榜し、まずは、新東宝から石井輝男監督を招き、一九六五年より「網走番外地」シリーズを任せたほか、一九六八年より「異常性愛路

表3　東映実録路線映画の製作本数（1973－1980）

年次	1973	1974	1975	1976	1977	1978	1979
製作総本数	65	57	54	55	51	27	28
実録映画本数	17	18	16	12	9	3	6

出典：楊紅雲「テレビに対応した東映映画製作の軌跡（1951－1980）」『多元文化』第5号、2005年、120頁。

線」の映画を監督させた。『徳川いれずみ師 責め地獄』（石井輝男、一九六九年）はそのなかの一作である。そして、一九七〇年代より実録路線の映画をはじめとして現代的でリアルな暴力や性描写に比重を置くようになった。

一九七〇年代には、任侠映画と「ポルノ」（成人映画）、「女番長《スケバン》映画」、「暴走族映画」などを組み合わせて二本立て興行がされた。これらプログラムピクチャー映画の主人公は、やや乱暴にまとめれば、街を彷徨するさまざまな不良たちであった。ときに刺青のある役柄を演じた杉本美樹や池玲子らが主演する「ピンキーバイオレンス映画」にしても、街中で「オヤジ狩り」や「美人局《つつもたせ》」のような活動をする女性たちが描かれる。現在の視点から、フェミニズム映画と評価する評論家もあるが[3]、これらの映画は基本的に添え物扱いされていた。これらの映画も、これまで同様に一本当たったとみるや、立て続けに数本、キャストとスタッフを多少入れ替えてシリーズ化する状況が続いた。一九七〇年代の男性重視の映画づくりは、一九六〇年代の任侠映画時代には存在した女性観客離れにもつながった。

一九六〇年代、一九七〇年代の組合運動とテレビ時代劇製作

任侠路線が好調となったのもつかの間、東映が苦境に陥った要因には、好

調な興行成績がこのまま続くと読んだ初代社長の大川博が、さらなる市場の開拓を目指して一九五八年に第二東映（後のニュー東映）を設立したことにある。鉄道マンならではの発想とされるが、映画他社に比して、東映の映画製作本数を増加させることによって映画館と観客の独占をはかったのである。ところが、現場スタッフと俳優、配給など各方面で無理がたたり、この方針は二年ほどで頓挫した。「第二東映」の失敗から経営がより苦境に陥る一方、増産体制に対応するために増員したスタッフと俳優たちの合理化が迫られた。そのため、東映社内では組合活動が活発化していった。当時の東映では正社員が二〇〇名に対し、臨時雇用のスタッフが二〇〇〇名を超えていたのである。

一九六四年には、任侠路線になじまずに反発していた時代劇スタッフを東映京都テレビ・プロダクション（後の東映太秦映像）に配置転換している。翌年、東映京都制作所が設立された。前者がNET系の番組を受注し、他局や他の制作会社の番組は制作所が受注することになった。[4] 合理化の動きに呼応して、一九六四年に撮影部の助手たちが中核になって、高卒の社員スタッフが組合を結成した。この動きがさらに拡大し「東映労組」が結成される。スタッフの労組に加入できなかった大部屋俳優たちは組合を結成して、毛利は一時期、俳優組合の書記長を務めていた。俳優たちが組合を結成した理由は、毛利の語りを参照してもらうとして、東映俳優クラブ組合の委員長には、トップスターの中村錦之助がついたが、時代劇映画にこだわったこともあり、一九六六年に東映を退社している。

一方、京都撮影所の製作に目を転じれば、テレビ時代劇の製作が入れ替わるように増えていった。テレビ時代劇は「製作費が少なく、セットも設備も貧弱」とされ、映画と比べて軽く扱われた。しかし、瞬く間に製作本数が増えていき、東映の屋台骨を支える存在になっていった。

一九七〇年代に入ると、刺青の主人公が活躍するテレビドラマが新たに始まる。毛利の代表作のひとつであるテレビ時代劇「遠山の金さん」シリーズは、一九七〇年七月一二日から放送が始まり、原稿執筆時点の二〇二四年五月までに主演を変えて全七シリーズが製作されている。第七シリーズの二〇〇七年三月二〇日放送終了まで、八〇四話の刺青はすべて毛利が担当してきた。さらに、TBSのテレビ時代劇の「江戸を斬る」第二部から第八部（一九七五―一九九四年）でも、毛利が刺青を担当している。

七〇年代のテレビ時代劇と実録路線の映画、ピンキーバイオレンス、そしてポルノ映画は、会社組織は違えども、同じく京都撮影所で製作されていた。毛利は、二〇〇三年までの京都撮影所の映像作品すべての刺青を描いたのである。

「打開策」としての東映太秦映画村の開村

一九七五年に、京都撮影所の敷地の一部に「東映太秦映画村」が開村する。東映の幹部たちはアメリカに視察に行き、ハリウッドにある「ユニバーサルスタジオ」ほかを見学した。そして、撮影所を生かし、オープンセットと撮影を観光客に有料見学させる構想を得たという。京都撮影所は一本の道路を隔てて二〇棟のスタジオ群とオープンセットを擁していたが、オープンセット部分の二八〇〇〇平方メートルを映画村とし、映画の歴史資料や映像を見せるホールと時代劇のオープンセットとしても用いる江戸の町並みをつくりあげた。(5) 東京ディズニーランドの開園は一九八三年であり、映画村は日本でもまだ数少なかったテーマパークの草分けでもあった。神社仏閣が多い京都には旅行客が多かったが、老若男女を幅広く引きつける遊園地的な施設が少なかった。撮影風景が間近に見学できる魅力もあいまって、開村して数年間は来場者が押し寄せたのである。

しかし、この映画村の開村は、実は岡田茂の「首切りなき合理化」の方針に沿ったものでもあった。スタッフ・俳優たちの大合理化の「受け皿」としての性格も有していたのである。毛利が俳優仲間たちと映画村に移籍して活躍したことは、第三章で語られている通りである。毛利が映画村ではサラリーマン、京都撮影所では刺青絵師および俳優という、二つの人生を生きることになったのは、東映太秦映画村がオープンしてからのことである。

映画村オープンに際しては、京都撮影所のスタッフや俳優たち一〇〇名以上が移籍した。製作部長の翁長孝雄は、「行くも地獄、残るも地獄。それなら新しいところに行ったほうが、まだ夢があるだろう」と大部屋俳優、契約スタッフの一人一人を説いて回った。そして、映画村で社員として雇用することで身分、収入の安定を図ったという。(6)

京都撮影所に俳優として所属した毛利は、俳優仲間と映画村を運営する東映京都スタジオに移籍した。当初は「左遷された」との意識もあったそうだが、映画村内で観光客に絵付け体験をさせる楽焼屋の主人となった。そして、その後も所属を変えながら、営業のほかに「ミス・ミスター映画村」でデビューした若者たちのマネージャーとして活躍した。さらに、俳優・刺青絵師として、撮影所、太秦映像、京都スタジオでの映像作品や各種の仕事にあれこれと携わっていくこととなる。

再び、東映の映画製作に目を向けると、映画村開設と同年の一九七五年に東京撮影所が製作した「トラック野郎」シリーズが当たった。「映画会社」として息を吹き返した東映は、一九八〇年代以降は六〇分から九〇分の映画の二本立てから、製作費をかけた上映時間二時間以上の大作主義に転じていく。文芸路線を取り、『鬼龍院花子の生涯』（五社英雄、一九八二年）をはじめとする、女性観客を意識した映画づくりに転じ、その勢いに乗って一九八〇年代後半より「極道の妻《おんな》たち」シリーズを製作していく。六〇年代から七〇年代、さらに八〇年代を越えて八〇歳になる二〇一〇年まで、こうした映画でも毛利は健筆をふるい続けたのである。

おわりに

以上、東映株式会社の概略と歴史を一九七〇年代までを中心に概観してきた。六〇年代以降の東映映画は「刺青のあるヒーロー」を好む観客を掘り起こしたと言える。毛利の映画二〇〇作品以上、テレビドラマを含めた膨大な仕事は、東映の映画づくりの路線の移り変わりと密に連動している。

ただし、東映で任俠路線や実録路線の映画が多数製作されてきたのは、「日本の観客が刺青を背負った主人公を好む」からという理由だけではない。東映が直面した経営危機――日本の映画産業全体が斜陽化していく六〇年代、七〇年代の状況も含めて――を踏まえれば、別の角度からの見方が成立する。東映の任俠路線、実録路線、テレビ時代劇に刺青のある役が多いのは、「当たる映画」と観客を求めて暗中模索を繰り返した歴史が背景となっている。毛利の仕事は、社内で非常に高く評価されてはいるが、その技術を生かすために映画がつくられたのではなかった。つまり、刺青の存在を誇示することありきの映画づくりではない。

六〇年代、七〇年代の「やくざ映画」の隆盛は、時代劇の時代よりも確実に、刺青のある人物が多数出演する映画づくりをもたらした。そして、一九六三年以降の任俠路線や実録路線の映画が一〇年ほどして飽きられ始めると、一九七〇年に刺青のある町奉行が主人公のテレビ時代劇『遠山の金さん捕物帳』が始まり、二〇〇七年まで主役を交代しながら断続的に放送され続けていく。つまり、従来は映画館で観られていた片岡千恵蔵主演の「いれずみ判官」シリーズのような「刺青のある人物が主役の映画」に代わり、七〇年代からは「遠山の金さん」シリーズ、「江戸を斬る」シリーズのような「刺青のある人物が主役のテレビ時代劇」が毎週一作、二作と放送されるようになる。映画館のスクリーンでは「刺青のある不良どもが暴れ回る映画」が上映される一方、各家庭にあるテレビ番組では、刺青を背負ったヒーローが活躍する。東映の「不良たちを主人公にした映画」は、家庭では注意深く遠ざけられた。一方で、テレビ時代劇を通じて「刺青を背負ったヒーロー」のイメージが「お茶の間」にも浸透することにつながっていったのである。

解説3
刺青映画・刺青絵師の変遷と日本社会

山本芳美

本稿では、刺青絵師について解説するとともに、撮影所を介した映画やテレビドラマの出演者や制作者たちと「本職」の人々との交錯、そして、毛利が引退する少し前の二〇〇〇年代より始まったとみられる映画の作り手たちと「本職」の接触をめぐる規制について述べていく。そのうえで、刺青の描写が含まれる映画・テレビ番組製作・放送をめぐる日本社会の変化について指摘していきたい。

「いれずみ判官」シリーズまで

日本では、一八世紀から刺青が流行しだし、幕末頃に刺青の様式が固まったとみられる。関東では職人の印とされ、きちんと仕上がっている刺青は、定期的に収入がある、まじめで腕のよい職人の印として、祭りや各地で現場を仕切る身分証としての意味合いを持っていたのである。しかし、西と東では感覚が異なる。今回の毛利へのインタビューで京都だけでなく、関西全域で「本職」と呼ばれるその筋の人々が入れるもの、という認識が強くあることを感じた。

さて、「刺青をまとったヒーロー」が主人公であるストーリーは、歌舞伎や芝居、講談が大衆娯楽の中心であった時代までさかのぼる。

任侠映画の嚆矢は、伊藤彰彦によると、『侠客 祐天吉松』（一九一一年、製作は吉田商会）であるという。背中に祐天上人(1)の刺青がある幕末の人物の講談をもとにした映画である(2)。刺青を背負った人物が登場する映画は、「弁天小僧」「天狗の安」「野狐三次」「一心太助」など他にもあるが、「遠山の金さん」に絞ると、少なくとも一九一一年から撮られている。短筒（ピストル）強盗事件を遠山金四郎が解決する「遠山桜天保日記」を福宝堂が映画化している。映画は一九二〇年代から三〇年代にもたびたび製作されている。映像が残っているのは、林長二郎時代の長谷川一夫が主演した『刺青《ほりもの》判官』三部作（冬島泰三、一九三三年）頃からであり、刺青が描かれていることが確認できる。

戦後に創業した東映は大衆的な娯楽映画づくりに徹し、当初は戦前の映画のリメイクが多かった。これらの映画の多くは、歌舞伎や大衆演劇の定番的な出し物を映画化したものである。

東映最初のスターである片岡千恵蔵は、現在のテレビ時代劇『遠山の金さん』の原型にあたる

『いれずみ判官　桜花乱舞の巻』（渡辺邦男、一九五〇年）に遠山金四郎役で主演して人気を博した。[3]一九六二年の『さくら判官』（小沢茂弘、一九六二年）まで一八作が製作され、東映の主軸となる人気シリーズであった。「いれずみ判官」シリーズでは刺青は歌舞伎化粧の延長であり、その存在を示すのみで記号的表現である。歌舞伎の舞台においても、役柄によって肌襦袢や身体に刺青を描く。この系統を引く描き方と言える。リアルには描いておらず、刺青そのものの美しさは追究していない。ただ、こうした描き方については、当時のキャメラ、フィルム、照明などによる拘束ないし限界があった可能性がある。

刺青絵師たちの作風と担い手の変化

毛利によれば、東映の「いれずみ判官」シリーズなどで刺青を担当したのが片岡千恵蔵の一座に属していた尾上華丈《おのえかじょう》であった。東映ではスターの主演を前提とするスターシステムを導入しており、片岡千恵蔵と市川右太衛門を軸にした映画づくりをしていた。スターが主導権を握る映画づくりでは、スタッフの編成もスターの意向が反映されて「座付き」のスタッフとなる。[4]尾上は千恵蔵のスタッフであった。

「尾上さんの次に刺青を描いていた」と毛利が述べた越川秀一は、一九六〇年代には刺青を描く仕事を主力で担うようになった可能性が高い。越川は東映のスターであった東千代之介《あずまちよのすけ》のマネージャーであった。撮影所から徒歩で一五分ほどの蚕ノ社《かいこやしろ》の付近で釜飯屋を営みながら、娘を助手にして刺青の仕事に従事していた。毛利によると、越川の作風は「黒ベタで、細かい部分は描かれてない」というが、現実の刺青により近くなっている。そして、大部屋俳優出身の毛利に仕事が引き継がれる。

こうした刺青絵師の変遷は、東映が自社で育成したニューフェイス（新人）[5]の主演が一九五〇年代後半以降に増加していく一方で、歌舞伎出身の俳優の影響力が減じる流れと並行している。刺青を描く職人も、歌舞伎や長唄などの「伝統芸能」を背景にした「座付き」的なあり方から、大部屋俳優である毛利が兼任で仕事を担うあり方へと変化をみせている。

毛利は、『博奕打ち 一匹竜』（小沢茂弘、一九六七年）で独り立ちするにあたって、東京・浅草の鳶職で彫師でもある初代彫文の仕事場を見学させてもらったという。その際にも刺青の下絵と構図は確認しただろうが、その後は自身で情報収集をして構図をつくりあげた。現在、四〇〇点ほどある毛利の下絵は、刺青の現場で用いられる下絵と共通しているものもあるが、独自性ある表現や主題も確認できている。表現自体も、歌舞伎的な様式美から解き放たれている。

二〇二四年現在、東映の東京・京都の撮影所、他社の撮影所にも刺青を描く職人は常駐していない。製作される映像作品全体の減少と刺青を映像で表現することに対する厳しい風当たりがある現状もあり、筆者が把握する限り、刺青を担当するのは、彫師やイラストを生業とする人のほか、俳優、特殊メイクアップアーティストなどである。特殊メイクでは描くのではなく、シート状のシールを身体に貼り付けて造型している。

映画づくりと「本職」

さて、毛利の仕事に見られるように、東映京都撮影所の時代劇中心の映画づくりから、任俠路線、実録路線を軸にした映画製作への変遷では、よりリアルな、そして現実を反映した表現を求めることにつながった。それは、「組の盃をもらった人々」を一時的に引き寄せる作用を及ぼしていた。

創業初期においては、もともと興行の世界では、「小屋（芝居小屋から映画館を含む）」と芸人の両面を歴史的に「組」が仕切っていたことが背景にある。東映も例外ではなく、東映の初期に活躍した映画監督のマキノ雅弘や弟のマキノ光雄らは、京都・千本三条で明治時代から「人夫口入れ業」、「荷役業」を営む「千本組」の笹井家と親戚で、何かと頼る関係にあった。笹井家は正業のある「かたぎやくざ」で、千本組は、日活の大道具用材木の手配、ロケ車の手配などを通じて、黎明期の映画界に深く関係していた(6)。

一九六〇年代以降、ロケの際に地回りのチンピラと話をつける役目として、「現役のヤクザかも知れない嘱託を雇って(7)」いた。そのひとりは、京都の博徒中島会の元舎弟分だったN氏で、一時期は製作進行として映画にもクレジットされている。毛利のインタビューでも言及されているN氏は、撮影所を定年退職したあと、八〇歳過ぎまで撮影所の駐車係として勤めていた。

この時代は、裏社会の事情に通じた俊藤浩滋らが撮影所に乗り込み、理想化された「本物の世界」に近い映画をつくろうとする状態が一時期あった。観客が知らない世界を暴くとして俊藤のプロデュースによる「博奕打ち」シリーズが一九六七年より製作され、「賭場」「刺青」「仁義」「儀式」などを「本職」に取材して映像化している。演技指導などの名目で「本職」が出入りし、毛利自身も「本職」の人々から花札賭博の一種である「手本引き」などを教わった。毛利は、賭場のシーンでは手技を披露し、俳優にも所作を指導している。(8)

さらに、撮影所にはさまざまな職種の人々が出入りしていた。大道具やセットの下請けには、伝統的に刺青を背負ってきた建築業の人々がついていたと見られる。「本職」を演じる俳優たちも妄想にかられて「組」をつくり、元は「本職」であった人物が俳優になることもあった。また、「本職」の人々が、エキストラなどで協力することもあった。

例えば、侠客路線の時期、若山富三郎が揃いのスーツを着込んだ素人男性たち一〇名ほどで固めて半年ほど撮影所を闊歩していたという。一九六八年から七四年までの映画「極道」シリーズでは、若山が子分役俳優たちと映画の扮装で撮影所を連れ立って歩き、事務所を借り、オリジナルの代紋を作ったそうである。また、終戦後に渋谷で愚連隊となり、法政大学を中退して安藤組を組織した安藤昇は、俳優として日活や東映で映画出演をしている。(9)

一九七〇年代に入ると、実録路線の映画製作が本格化する。毛利によれば、自分の親分が悪く描かれたとして、「若いモン」が京都撮影所にダンプで乗り込んできた事件が起こった。因縁をつけに京都撮影所に来る者もいたので、「用心棒が撮影所にはようけおった時代があった」とも語っている。さらに、『北陸代理戦争』(深作欣二、一九七七年)で描かれた殺人場面をなぞるよう

な殺人事件が福井県で起きた。興行的にも惨敗したため、実録路線は取りやめとなる。(10)

以上、一九七〇年代までの東映の映画づくりが、「本職」の世界と接点を持ちながら進められていたことは明らかである。だが、制作現場でも、映像表現・ストーリーとしても、「本職」を見習うことは徐々に許容されなくなる。

「刺青映画」「刺青ドラマ」を許さない日本社会

一九九〇年代に入ると、社会が「刺青＝本職」と見なして拒むようになる。一九九二年の暴力団対策法（通称：暴対法）、二〇〇四年以降の各自治体における暴力団排除条例の施行以降、「刺青のある方、お断り」との看板を温浴施設や温泉が設置する例が増える。海水浴場での刺青の露出を制限する条例も二〇一一年以降、神戸市の須磨海浜公園や逗子市などで施行されるようになる。

しかし、刺青のある人々の施設利用が規制される一方で、暴力団関係者が刺青を入れることを避けるようになった。一九九〇年代からファッションとして刺青を入れる人が増え、二〇二〇年に開催が予定されていた「東京2020オリンピック」を前に、外国人旅行者の招致が進んだ。オリンピックほかで来日する外国人を、看板を理由に利用を拒んでトラブルがあるのではないかと、二〇一三年から二〇一九年頃までマスコミが盛んに話題にした。(11)

こうした社会情勢を背景にしつつ、一九八〇年代から二〇〇〇年代を通して、東映京都撮影所では時代劇、任侠路線、実録路線、その変奏的な「極道の妻たち」シリーズなどのやくざ映画を製作し続けた。こうした映画は、総じて観客に「刺青＝やくざ」という印象を持たせる演出をしていたが、二〇〇五年頃から刺青の仕事は目立って減っていき、毛利は二〇一〇年に引退した。助手はいたが弟子はいず、その技を直接継ぐ人は現れていない。

刺青の仕事が減少した背景には、「映画やテレビ作品に刺青のある人物が主役となるのは好ましくない、と警察から注意を受けたことがあった」と撮影所の複数の関係者が説明した。この流れを受けて、二〇一一年に京都撮影所も暴力団排除宣言をしている。[12] 暴対法の施行からすれば一九年を経た宣言となったのは、「Nさんが退職した」からだと、ある撮影所関係者はさりげなく述べた。「俳優会館の一番風呂はいつもNさん。あの人のおかげで、よい映画が撮れたんでね」と語る関係者もいるので、撮影所ではN氏の恩に報いることと映画づくりを優先し、世の中の流れに静かに抵抗してきたと見ることができよう。

美空ひばりなどの例に見られるように、すでに一九七〇年代から芸能界浄化運動が始まっている。そして、一九九〇年代以降の社会変化は、刺青絵師と刺青を描かれる側の俳優にさらに影響を与えるようになった。資料や証言を踏まえると、二〇一一年を境により芸能界浄化運動が強まった印象を受けるが、これは暴力団排除条例施行の影響があることは明らかである。松方弘樹にインタビューした伊藤彰彦は、各放送局のコンプライアンス意識が強まったため、テレビ出演が叶わなくなった経緯を聞き取っている。[13]

今後、映像表現に影響を及ぼしそうなのは、「一般社団法人日本民間放送連盟」（民放連）の放送基準の改訂である。二〇二三年以降、タトゥーとピアスの映像表現に関して、民放連の放送基準がより具体的に言及するようになった。放送基準の前文には、「基準は、ラジオ・テレビ（中略）の番組および広告などすべての放送に適用する」とあり、放送基準の運用に関する注記事項として、「番組に関する条文であっても、その基本的な考え方は広告に適用され、広告に関する条文であっても、その基本的な考え方は番組に適用される」と述べられている。

この放送基準は一九五一年に設置され、二〇二三年までに一二回改訂されている。二〇二三年の改訂に基づく新たな放送基準は、これまでの一五二条文のうち四五条文を改正したほか、二条文を削除することに伴って条文番号が変更となるなど、これまでに比べても大きな改正となった。原稿執筆時点の二〇二四年に放送基準は全一五一条文となった。一部からは、「五〇年に一度の大改正」と評されるほどの改訂である。

この放送基準は、人権の尊重、法令・公序良俗の尊重、真実であること、明確であること、公正であることの五点を基本とする。第一九条は児童および青少年への影響に関する項目であり、「武力・暴力や社会的に賛否のある事柄を表現する時は、特に青少年に対する影響を考慮しなければならない」と二〇二三年の改訂では、傍点部が変更された。各放送局に向けて条文の解釈を示した『民放連 放送基準解説書2024』を確認したところ、刺青の映像表現に関しては具体的な配慮が求められていた。「タトゥー、ボディーピアスなど身体を傷つけることは、社会的に賛否のある事柄であり、児童・青少年にその安易な模倣を誘うことがないよう、表現に留意する必要がある」と解説文に明記されるようになっている。(14) この解説文は、各放送局が誤解なく放送基準を運用するために条文の解釈を示したものである。

テレビ朝日コンテンツ編成局研修担当局次長の村上浩一氏は、日本民間放送連盟のサイト「民放online」での解説で、自身の所属する放送局や民放連の見解を代表する意見でないと断りつつも、

①大前提として、放送ではタトゥーをすすんで取り上げることはしない。
②必然性があって取り上げざるを得ない場合は、タトゥーの「アピール」にならないようにする。具体的には、露出は最小限にとどめ、特に〝魅力的〟に見えるような演出、描写は厳に避ける。

ことが大原則となると述べている。「児童だけならともかく、「青少年」の視聴を想定するということは、時間帯によるゾーニングはほぼできません。結果的に、対象は「全ての番組」ということになります」と明言する。

具体的な映像づくりとしては、タトゥーのあるスポーツ選手の報道や画面に写り込んでいる通行人にタトゥーがある場合は、主題ではないので問題なしだが、極力、写さないようにするか、編集での「カット」を検討すべきだという。「フィクション」では、反社会的勢力、不良行為の

象徴・表象としてネガティブに描かれている場合は、問題ない。時代劇の「入れ墨」も、それが現代のタトゥーと同一視されないので、これも問題はない。ただし、現代のドラマでタトゥーを描くなら、その人物が登場する必然性、あるいは登場人物がそのタトゥーをしている必然性をよくよく突き詰めた上で、必然性がある場合には、その人物やタトゥーの描き方、撮り方、デザインや部位、サイズや登場回数等々の工夫によって、可能な限り「アピール」にならないような見せ方を考えることになる、と解説している。(15)

つまり、「遠山の金さん」シリーズであれば、刺青のある粋な遊び人が実は町奉行で正義の味方であるから、ドラマ製作はこれからも続けられるはずである。しかし、刺青を極力見せない演出が必要となる。となれば、御出座《ごしゅつざ》の場面や立ち廻りでは、刺青の露出時間を極端に短くしなければならないだろう。これまでの『遠山の金さん』では、御出座の場面で片肌脱ぎになった際に桜吹雪の刺青がアップとなってそのディテールを把握できた。しかし、今後は難しくなると予想できる。

実は先に事例があり、第一章ですでに述べたようにテレビ時代劇「江戸を斬る」シリーズでは、大企業がスポンサーであり、放送時間が夜八時台でもあったので、刺青を見せる時間が極端に短かった。つまり、刺青はその人物に存在することを示すだけの「記号」となる可能性が高い。さらに、民放テレビ局が製作委員会に加わって製作された映画は、地上波放送を前提としている。こうした場合、映像表現でかなりの制約を受けることになる。あるいは、刺青を露出するような場面はカットされる可能性が高い。

すでに、その兆しは二〇二五年一月より放送が始まったNHKの大河ドラマ『べらぼう』第一話で確認できる。高橋克実演じる吉原遊郭の「引手茶屋」主人には、刺青がある。それは、胸元や腕からわずかに見せることで示唆される。

まとめると、七〇年代は刺青をめぐる表現や、作り手や俳優たちと「本職」との接触にさほど制限はなく、リアルな映画づくりのためだと許容されてきた面があった。それが、一九七〇年代より強まっていった芸能界浄化運動、それに引き続く暴対法をきっかけに徐々に意識が変わり、製作側が「本職」の世界と接触を持たなくなった。また、放送局や映画各社、さらにスポンサーたる企業がコンプライアンスを意識した結果、刺青の表現が自主規制されるようになった。二〇二四年現在は、刺青に関して映像表現も含めて過敏さが高まっている。映画ではまだ表現の自由さがあるが、テレビ放送時にはさらに表現の配慮が必要とされるようになっているのである。

おわりに

身内や知り合いに刺青のある人がいる場合を除いて、刺青絵師が俳優に描いた刺青絵が「本物」そのものと見なされ、視聴者がテレビ時代劇などではじめて刺青の存在に触れた時代が確実にある。そして、関心のない人でもスタッフロールに「刺青絵師　毛利清二」の名を見つけ、「刺青を描く人がいる」という知識は得たであろう。

また、刺青のある人物をヒーローに据えた作品が長年にわたって最も多く生み出されているのは日本で、その次がアメリカでは、と筆者は考えている。プログラムピクチャーとテレビ時代劇は、日本の刺青文化や歴史を語るうえで、無視できない分厚さを有している。これも、映像文化を通じて刺青の存在に親しんできた日本特有の文化状況であると考える。

現代の日本人は、一九九〇年代まで観ていた「遠山の金さん」シリーズの視聴経験、一九七〇年代までの任侠路線、実録路線の映画などを忘れつつあるようだ。だが、この状況はマスコミ経由や規制により生み出された別の情報で上書きされて生じただけであり、少し刺激を与えると思い出す性質のものではないかと、筆者は考えている。

例えば、毛利の代表作のひとつ「遠山の金さん」シリーズは、DVD化され、現在まで何度も地上波や衛星放送、CSなどで再放送されている。近年では、映像サブスクの時代になり、東映時代劇YouTube、東映オンデマンドほかでの配信により、旧作・新作が気軽に観られるようになっている。民放連の放送基準が厳しくなる一方で、地方局では「遠山の金さん」シリーズほかの再放送が続いており、BSでは目玉特集として「日本侠客伝」、「極道の妻たち」などの各シリーズ放送が組まれている。すなわち、新作は難しいが、民放系の地方局やBS、配信で膨大な数の旧作を観ることはまだ可能なのだ。ぜひ、本書を読んだら、毛利や他の絵師の人々の仕事を映像で確認してみてほしい。観客を驚かせ、喜ばせようとする「カツドウヤ精神」で、より面白い映画にしようと取り組んだ職人たちの時代がそこに映し出されているのである。

あとがき――毛利清三の謎

今回のインタビューで、毛利さんからすべての話を伺えたわけではない。すでに述べたように、毛利さんは刺青を描く際の作業や道具の一部は終始伏せ続けた。二〇二四年五月からの企画展を準備する過程で、毛利さんとの心の距離は縮まったように感じたが、とうとう不明だった点もある。

例えば、「毛利清三」名義でクレジットされている作品がある事情についてはわからずじまいであった。毛利さんは、映画やテレビ作品のクレジットについて、「職人は金もらったら、クレジットされるかどうかはどうでもええんや」と述べていた。山田永二さんによると、かれこれ二〇年以上前にも一度「毛利清三」について質問したものの、毛利さん自身が「忘れた」と言って、説明されることはなかったという。

もっと早く会えていたら、より多くの話を伺えた可能性もある。しかしながら、毛利さん自身が自身の仕事に関心を示す取材者を寄せつけなかったかもしれない。本書に幾分矛盾した語りがあるのは、職業上の秘密を守るためにさまざまな語りを用意して煙に巻いていた時代の名残ではないかと、筆者は考えている。

さて、毛利さんは、二〇二四年三月一〇日の化粧文化研究者ネットワーク・京都大学映画コロキアム共催による、企画展のプレイベント「東映・刺青絵師　毛利清二さんに聞く「俳優に刺青《すみ》を描《ながす》く」とは」をきっかけに、ふたたび発言、発信するようになっている。本書についても、ご自身で原稿を何度も読み返し、筆者や原田と議論しながら進めてきた。

毛利さんには「ギャラのことと、他人のことは言わない」というモットーがあった。他人のこと、特に俳優の人々、京都撮影所の人々の魅力や人間臭さ、技のきめ細かさを示すと思えたエピソードのいくつかは割愛せざるを得なかった。幾分残念ではあるが、何よりも、毛利さん自身の意思を反映させた書籍づくりができて本当によかったと思う。

毛利さんへのインタビューは、大変得るものが大きかった。一つには、これまで研究してきた日本社会と刺青の関係を、別の角度から検討することができた。「彫師と客、それを取り巻く社会」で構成される世界から少し離れて、「映画・テレビドラマで俳優に描かれる刺青イメージを楽しむ観客、刺青を描くことを仕事にする人、その背後にある会社」から、日本社会と刺青の関係を考察できた。おそらく、自分の家族や身近な人に刺青がある人以外は、毛利さんや他の刺青絵師たちが俳優に描いた刺青を「刺青そのもの」と認識していた人が圧倒的多数なのではないかと思う。

もう一つ、インタビューがもたらしたのは、共著者の原田麻衣との出会いである。原田から、東映太秦映画村・映画図書室でのインタビューを「参考に聞かせてほしい」と頼まれ、初回より同席してもらった。映画の生成研究を専門とする原田がこのプロジェクトに参加したのは、「映画史を形作ってきた資料を適切に残すため」であった。映画資料のアーカイブ化が進むフランスでの留学・研究経験があり、資料のアーカイブ化の重要性を熟知している原田が参画してくれたのは非常に心強い味方を得た思いであった。

本書をもって、毛利清二さんについてのインタビューと資料調査は一旦区切りをつけられたと思っている。今後も、引き続き毛利さんと周辺の人々から、映画づくりについてのお話を伺えればと思う。そして、他の刺青絵師についての聞き取りと研究を少しずつでも続けたい。映画好きな人類学者の視点から、お話を伺っていきたいと考えている。

本書ではほとんど触れていないが、刺青には根強い偏見がある。筆者がこれまでおこなってきた「刺青に絡んだテーマの研究」や「映像などで取り上げること」などを含めると、研究を始めた一九九〇年代初頭よりも減じたものの、社会的な抵抗感が存在することも事実である。二〇二三年の民放連放送基準の改訂などをみると、より厳しくなった一面もある。このため、「解説3」では、刺青とその映像表現に影響してきた社会的変化に関する整理をした。本書刊行時までの状況を整理して提示することで、日本社会に刺青への「憧憬と拒否」が併存し、ときに憧憬が強まり、ときに拒否感が強まることの一端が伝わったのではないかと考える。「なぜ刺青が日本社会では悪いものとされるのかがわからないので、その事情を聴きたい」と、筆者の半分以下の年回りの記者や学生からインタビューを時折申し込まれる。その「わからない」要因の一つには、日本社会の映像づくりと映像表現をめぐる構造的な変化があるのだ。現在の刺青をめぐる日本社会の状況は、近代に入って法的に禁じられた歴史とさまざまな社会的要因が絡み合って生じている。本書の文脈でいえば、六〇年代から七〇年代の刺青のある人物を描く映画が与えた影響を考慮しなければならない。毛利さんが関与した作品群が、熱狂的に支持した観客とそうでない人々にそれぞれどのように受け止められたのかを検証していく必要があるだろう。

刺青とその映像表現に関するこみ入った事情もあり、毛利さんはご家族への影響を考えて、引退後はほとんど取材を受けてこなかったそうである。筆者のインタビュー実現には、東映京都撮影所俳優部演技事務の須賀章氏による口添えが大きかったことを後に知った。筆者のインタビュー申し込みの手紙は、引退後に窓口となってきた須賀氏経由で毛利さんに届けられた。その際、須賀氏が毛利さんに「絶対、このインタビューを受けたほうがよい」と、後押ししてくれたとのことである。

本プロジェクトには、須賀氏のような応援をしてくださった方々が大勢いる。関心を寄せていただいたものの、感謝の意を伝える機会がないままの方も多かった。今回、山本や原田がお話を伺わせていただいた方は多数であり、さりげない会話中にもいろいろなヒントや気づきをいただいた。そのなかでも、特にお世話になった以下の方々のお名前をあげておきたい。東映太秦映画村・映画図書室の石川一郎氏、東映株式会社経営戦略部フェローの山口記弘氏、東映株式会社京都撮影所の小柳憲子氏、山田永二氏をはじめとする毛利さんの元助手の俳優各氏に大変にお世話になった。ご多忙にもかかわらずインタビューに応じていただいた俳優の高橋英樹さんにも感謝を伝えたい。高橋英樹さんのインタビューについては、東映株式会社総務部の多田容子氏にご協力いただいた。岐阜彫秀氏はじめお話を伺った方にも謝意を表する。都留文科大学教職員の皆さん、特に学科事務室の片瀬好美氏と研究支援担当の皆さんに感謝を伝えたい。化粧文化研究者ネットワークでご一緒している北山晴一先生、米澤泉氏、野中聖治氏、他の会員の皆さんからもプレイベントの開催や企画展の来場などで応援していただいた。京都大学大学院教授の木下千花氏にも、プレイベント開催ほかでご協力いただいた。夫をはじめとする家族にも感謝、感謝である。

最後になったが、「毛利さんがお元気なうちに、本を手に取っていただきたい。二〇二四年度中には本書を出版したい」という私と原田の希望を尊重し、青土社の編集者である山口岳大さんが原稿の進行を厳密に進めてくれた。さらに、文章や構成に関する詳細なコメント、アドバイスもいただいた。映像づくりの現場のように、さまざまな方々の力によって本書が結実した。記して感謝したい。

本書は、二〇二三年・二〇二四年度都留文科大学学術研究費、科研費研究20H01411、JSPS学術知共創プログラム（二〇二三―二〇二八年度）「身体性を通じた社会的分断の超克と多様性の実現」による助成を受けた成果です。

二〇二四年一二月一五日

山本芳美

撮影：石川一郎

注

凡例

（1）刺青という名称自体は、谷崎潤一郎が一九一〇年一一月、東京大学出身文学者による同人誌の『新思潮』（第二次）第三号で短編小説「刺青《しせい》」を発表した後に定着した比較的新しい言葉である。なお、刺青は文身《ぶんしん》、黥《げい》などさまざまな名称が用いられている。入墨や入れ墨は刑罰目的で入れたものを指す。東京を中心とする職人が好むのは彫物という呼称であり、関西では我慢、墨《すみ》などとも称される。

まえがき

（1）企画展では、共著者である原田麻衣が、映画史的な展示プラン作成をおこなった。筆者は資料集めと運営資金調達、イベント開催などを主に担った。展示プレ・イベントとして、化粧文化研究者ネットワークと京都大学映画コロキアムの共催で二〇二四年三月一〇日に「東映・刺青絵師 毛利清二氏に聞く「俳優に刺青《すみ》を描く《ながす》」とは」を京都大学で催し、木下千花氏（京都大学大学院教授）がコメンテーターを務めて八〇名以上の来場者を得た。次いで、四月九日に日本顔学会の「第五六回顔学オンラインサロン」にて、企画展について紹介した。四月二七日には、企画展の実行委員でもある山口記弘氏（東映株式会社経営戦略部フェロー・立命館大学教授）が「東映刺青映画の歴史」と題して講演した。このほかにも、開催中にイベントをいくつかおこなった。会場は京都の私設博物館であるおもちゃ映画ミュージアムであった。ミュージアムを運営している太田米男、太田文代両氏が開催を受け入れてくれたこと、東映太秦映画村・映画図書室より全面協力をいただいたことに大いに感謝している。

（2）一九七七年頃の取材においても、毛利さんは同じ態度であった。NHKの番組「新日本紀行」の取材では、「この入れ墨、俳優が汗をかいても、水のなかに入っても落ちない。ところが、石鹸《せっけん》を使うと簡単に落ち、ひと風呂浴びれば流れてしまうという便利なものである。永年かかって彼が作った特殊絵の具のせいである。毛利さんはこの絵の具の配合を絶対に人に教えない。なぜなら、この技術を守っているがゆえに映画村の住人として認められ、かつ今後の生活の唯一の保証でもあるからだ」と紹介されている。宮下義弘「太秦映画村」『NHK新日本紀行第三集　男たちのドラマ』新人物往来社、一九七八年、一六三頁。

第一章

（1）本章の第一稿を読んでもらったところ、「そのときの靴はグッチで、サイズは二六・〇センチ」と毛利さん本人のコメントがあった。

（2）一九五二年に京都撮影所にて設立された殺陣集団。殺陣師の足立伶二郎らを中心に結成され、最盛期には一〇〇名を超す会員がいた。

（3）尾上華丈は、一八九八年に神戸の床山の子として生まれ、市川百々太郎と名乗って、市川市蔵一座に加わって各地を巡業した。一九二〇年に日活に入社してまもなく、華丈と改名し、あらゆる役柄をこなす脇役として活躍した。出演映画は数百本といわれる。一九六九年三月に心臓病で死去した。刺青を描く特技があり、大映映画『弁天小僧』（伊藤大輔、一九五八年）で市川雷蔵にも描いた。野島寿三郎編『新訂増補　歌舞伎人名事典』日外アソシエーツ、二〇〇二年、一八一頁と日外アソシエーツ編集部編『新撰芸能人物事典』日外アソシエーツ、二〇一〇年、一八三―一八四頁を参照。

（4）新東宝から東映に移ってきた若山富三郎が主演した「人形佐七捕物帖」シリーズ（一九六〇―一九六一年）、大川橋蔵主演の『江戸っ子肌』（マキノ雅弘、一九六一年）や鶴田浩二主演の『博徒』（小沢茂弘、一九六四年）などで、越川の仕事を確認できる。

（5）「博奕打ち」シリーズは、俊藤浩滋プロデューサーの企画で「観客の知らない本職のやくざの世界の内幕を見せる」というコンセプトで製作された。「賭場」「刺青」「仁義」「儀式」などを「本職」に取材して映像化している。各作共通で鶴田浩二が主演を務めるものの役柄が変わる。二作目の『博奕打ち 一匹竜』は、主人公を彫師に設定し、博奕打ちが各自背負った金看板たる「刺青」をテーマに、男の意地と度胸を懸けた勝負が展開する。老いた名人の技と腕前を受け継いだ鶴田演じる主人公が、卑劣なやくざの組長を弟に持つ彫師と、日本一を決める刺青大会で対決する。本作では、役柄によって刺青の主題を変え、鶴田浩二（一匹竜）、中村竹弥（水滸伝）、待田京介（武松寅退治）、江幡高志（三匹竜）、天津敏（狼）、小松方正（蛇）、汐路章（鬼念仏）、山城新伍（おかめひょっとこ）、木村俊恵（騎龍観音）を描いた（『自伝』、三七頁）。

（6）現在のイレズミ・タトゥーのスタジオでは衛生管理がなされており、そうした観念はない。

（7）初代彫宇之の本名は亀井宇之助。東京神田に在し、火消しの流れを組む鳶職を中心に顧客がいた。現在まで続いている江戸彫勇會は、当初は、初代彫宇之に彫ってもらった人々の睦《むつみ》であった。江戸・東京には趣味を同じくする人々が集まる睦と呼ばれる会があり、現在でも各種の睦がある。「波」は毛利さんの作品に頻出するモチーフとなっている。

（8）「昭和残侠伝」シリーズでは、麻布のちょうちん屋こと二代目彫芳が刺青を当初担当した。二代目彫芳は、刺青に造詣の深い小説家の高木彬光の『羽衣の女』を松竹が映画化した『いれずみ無残』（関川秀雄、一九六八年）でも刺青を描いている。毛利さんは、二代目彫芳の仕事を「本当の刺青をやっているから、色がまったく違う。色がどぎつい」と評していた。

（9）東映京都撮影所では、「その道のプロ」を「本職」と呼んでいた。「彫師」は刺青のプロなので「本職」、「やくざ」は博打のプロなのでやはり「本職」となる。

（10）「舞台うら」『読売新聞』一九八八年五月一日付朝刊記事。

（11）一九三〇年より新聞に掲載されたアメリカの中流家庭の日常生活を描いた漫画。GHQの意向で、一九四六年から一九五六年に『週刊朝日』や『朝日新聞』朝刊に掲載された。

（12）日本画家、挿絵画家の伊藤幾久造の代表作は、大佛次郎《おさらぎじろう》の『鞍馬天狗』や戦争物の挿絵。「講談社の絵本」の第一回配本となった南洋一郎の『乃木大将』や高垣眸《ひとみ》の『快傑黒頭巾』などでも有名であった。

（13）ききて／藤本義一「おしゃべりジャーナル　高倉健、藤純子さんの刺青を描くのは、このボクや」『週刊平凡』一九七〇年二月一二日号、五七頁。

（14）平野英史「明治後期の小学校図画科における手工的内容の展開」『美術教育学』三六号、二〇一五年、三五一―三六四頁。愛知県美術館で二〇二三年四月から五月に開催された企画展「近代日本の視覚開化　明治――呼応し合う西洋と日本のイメージ」、京都市学校歴史博物館の展示も参考にした。

（15）出演作品は、『博徒一家』（小沢茂弘、一九七〇年）、『昭和おんな博徒』（加藤泰、一九七二年）ほか。

（16）出演作品は、『仁義なき戦い』（深作欣二、一九七三年）、『仁義なき戦い 頂上作戦』（深作欣二、一九七四年）ほか。

（17）大川橋蔵主演の『銭形平次』第一話「おぼろ月夜の女」（一九六六年五月四日放送）では、彫物師彫政の仕事場にある刺青下絵が確認できる。

（18）山本芳美『イレズミと日本人』平凡社新書、二〇一六年、八一―八五頁。

（19）劇中のアクションでの宙返り、高いところから飛び降りたり、池に投げ込まれたりするようなシーンは、時にスタントマンが必要になる。その専門のスタッフを「特技《とくぎ》」と呼んでいる。宍戸大全は大学体操部出身で、チームで『水戸黄門』などの仕事にあたっていた。TBS公式サイト「水戸黄門いろはがるた【す】スタントはお任せ！宍戸大全」『水戸黄門大学』https://www.tbs.co.jp/mito/univ_MITO/hiroba/karuta/su.html（最終アクセス日：二〇二四年六月二四日）。

（20）『徳川おんな絵巻』（KTV）の第三話「いれずみ美女」（一九七〇年一〇月一七日放送）、第四話「炎の肌」（一〇月二四日放送）での撮影エピソー

ド と判明した。

(21) 松方弘樹・伊藤彰彦『無冠の男――松方弘樹伝』講談社、二〇一七年、一七三頁。松方は脚本にあった「薄あばた」を、顔の三分の一を覆う大きな赤アザに変え、得意のセリフ回しも吃音という設定で封じ込めた。

(22) 各映画会社で部署の呼称は異なり、仕事道具などを呼ぶ符丁も異なる。社風も異なるという。

(23) 台本と一口で言っても、何段階かのものがある。プロットが書かれた「準備稿」に始まり、細かい手直しが入っていき、最終的に「決定稿」となる。さらには撮影にあたって、「撮影台本」が用いられる。

(24) 博奕で、サイコロを入れた壺皿を振って伏せること。また、その役。

(25) 映画史的にみれば、『徳川女刑罰史』(石井輝男、一九六八年)の第三部の彫師の対決エピソードを長編にリメイクしたものと言える。映画に身を任せているうちに、最後は「どうかしている人たち」の刺青の競い合いとなる怪作。「東映異常性愛路線」と呼ばれる一九六〇年代東映の作品群で、本作は、同監督の『江戸川乱歩全集 恐怖奇形人間』(一九六九年)とともにカルト映画として知られている。

(26) 滋賀県大津市で江戸時代初期から名産としてきた民俗絵画。仏画、美人画、武者絵と多種多彩なモチーフがある。

(27) 一九六九年四月一四日に東映京都撮影所の組合掲示板に「声明」が貼りだされた。声明は、次のように始まっている。「日本映画界が産業的危機に直面しているという今日、映画五社は貪欲な利潤追求のあまり、ひたすらにエロ・グロ・俗悪の生産に専心している。わけても我々が働く東映の映画製作の現状は目にあまるものがある。いわゆる〝異常性愛路線〟と呼ばれる一連の作品は、異常性、残虐性、性倒錯、醜悪性のみを強調拡大し、最早映画としての本質を失い俗悪な見世物と化し、東映資本の厚顔無恥な金儲け主義の道具となり下がっている。そして、映画の社会的評価をさらに著しく低下させ、映画滅亡への道を一途に突き進んでいる(以下略)」。

以上のように、声明は「異常性愛路線」を取る東映幹部への痛烈な批判であった。この声明に加わったのは社員助監督一六人、社外契約助監督八人の計二四人であった。ジャーナリズムにもばらまかれ、反響は大きかった（石井輝男・福間健二『完本 石井輝男映画魂』ワイズ出版、二〇一二年、三六七―三七〇頁）。

『朝日新聞』の続報「エログロ批判声明から百日」（七月二九日の夕刊記事）を要約すると、「会社側のショックも大きかった。片山清所長代理は「理想論では映画の灯は守れぬ」との反論を労組に突きつけた。東京からかけつけた岡田茂常務（京撮所長兼務）は、助監督全員を会議室に集めて「映画を作りたくないなら配置転換も考えなくてはならん」と言ったという。六月に東京で開かれた団体交渉で、労組代表は「三十人もの裸の女優を世話しなければならない現場の気持になってみろ」と発言、会社とやり合った」のが当時の状況であった。

石井の証言では、出演俳優やスタッフに対して先輩俳優やスタッフからの嫌がらせがあったという。運動の先鋒であった助監督が新作の監督として起用されたことをきっかけに、運動は足並みが乱れた形で収束した（石井・福間、前掲書、一九七―二〇〇頁）。

なお、刺青映画の視点から見ると、石井輝男監督は、次のような映画を手がけている。『いれずみ突撃隊』（一九六四年、東映東京）、『徳川女刑罰史』（一九六八年、東映京都）、『昇り竜 鉄火肌』（一九六九年、日活）、『徳川いれずみ師 責め地獄』（一九六九年、東映京都）、『怪談昇り竜』（一九七〇年、日活）、『緋ぢりめん博徒』（一九七二年、東映京都）、『やさぐれ姐御伝 総括リンチ』（一九七三年、東映京都）。そのうち、毛利さんは東映京都作品をすべて担当している。当時は、刺青表現を映画に組み込むことが流行していた時代だったということであろう。

(28) 山本、前掲書、一〇八―一一二頁。

(29) 山田一廣『刺青師《ほりし》一代――大和田光明とその世界』神奈川新聞社、一九八九年、二〇七―二〇八頁。

(30) 二〇二四年四月二〇日に、東京在住の六〇代男性Fさんが語ったお話。

(31)これは当時の記録であり、現在ではクレンジングクリーム、クレンジングオイルなどが多数あるので、実際に試みるなら別のものを用いたほうが良い可能性があることを念頭に読んでほしい。

(32)藤井克郎「鮮やか刺青絵師の技『陽炎2』の毛利さん」『産経新聞』一九九六年一月一八日付夕刊記事。

(33)二〇二四年一〇月二六日に、タトゥーサプライヤーをしている比嘉エルネストさんから伺う。

第二章

(1)一九七二年に四代目尾上菊之助(現:七代目尾上菊五郎)と結婚し、一時期、女優活動から身を引いていた。

(2)詳しくは第一章三一—三二頁を参照されたい。

(3)実際には、同シーンでは小松方正にも刺青を描いている。

(4)毛利の話に鑑みれば、「ゼネラルアワー 美空ひばり劇場」での『弁天小僧』(TBS、一九六五年、全三話)だと思われる。

(5)『宮本武蔵 二刀流開眼』(内田吐夢、一九六三年)。

(6)比叡山飯室谷・不動堂。

(7)例えば『日本侠客伝 血斗神田祭り』(マキノ雅弘、一九六六年)における里見浩太朗への刺青。

(8)東京・麻布在住であった二代目彫芳の仕事。

(9)立ち廻りの技巧の一つで、空中で一回転すること。

(10)デビュー作『十七才の逆襲 暴力をぶっ潰せ』(寺田信義、一九六〇年)をはじめとする第二東映作品の現代劇。

(11)「近衛十四郎劇団」での逸話については第三章一三九頁も参照されたい。

(12)毛利が述べるとおり、本作では準備稿の段階から「鯉の刺青」と指定がある。なお、台本では、愛(黒木瞳)と淳一(松方弘樹)の刺青は「全く同じ図柄」と書かれているが、毛利は二匹の鯉が並んだときに向かい合うように、左右対称に描いている。一方が他方の分身ではなく、あくまで「対」であることを重視した図案だといえる(『姐御と呼ばれた女(仮題)』準備稿、『姐御』決定稿、東映太秦映画村・映画図書室所蔵)。

(13) 第一章七一頁図10を参照。
(14) 『暴れん坊将軍Ⅲ』(一九八八―一九九〇年、テレビ朝日)。高島は本作で御庭番の「梢」役を演じている。
(15) 岩下志麻主演『極道の妻たち』(五社英雄、一九八六年)で始まった東映の「極妻」シリーズは一〇作目『極道の妻たち 決着《けじめ》』(中島貞夫、一九九八年)で終了し、翌一九九九年から新たに、高島礼子主演・東映ビデオの「極妻」シリーズが製作された。毛利は、高島版「極妻」シリーズの一作目『極道の妻たち 赤い殺意』(関本郁夫)で高島に「不動明王」の刺青を描いており、二作目『極道の妻たち 死んで貰います』(関本郁夫、一九九九年)では「博奕指導」としてクレジットされている。

コラム

(1) 毛利さんによれば、「日活のスターでは、石原裕次郎、渡哲也だけ描いてない。勝新太郎も縁がなかった」そうである。
(2) 山田永二さんによれば、テレビプロの仕事になるので「刺青部屋」ではなく高橋英樹さんの控室で描いていたという。毛利さんによると、高橋英樹さんは胸毛が濃く、毎週のように剃りたくなかったこともあって「歴代金さんの一人ぐらい胸毛があるほうがよいのでは」というのが持論だった。しかし、話し合いのうえ、右側の胸部のみ剃ることになった。
(3) 高橋さんの身長は一八一センチである。
(4) 山田永二さんによれば、作業のしやすさから「脇息みたいなもの」を用いていたという。

第三章

(1) 大日本帝国海軍における航空兵養成制度の一つで、海軍飛行予科練習生のこと。志願制で、一九四四年に入ると特攻の搭乗員の中核となり、多くが命を落としている。
(2) 陸軍や海軍の航空兵学校に志願入学して養成された二〇歳未満の少年兵のこと。
(3) 一九五一年に東京映画配給株式会社が東横映画株式会社、太泉映画株式会社を吸収合併して設立したのが東映株式会社である。

（4）「マキノ省三」こと牧野省三を父にもつ、「マキノ三兄弟」の三男にあたる。毛利さんに「刺青絵師」の肩書きを与えたマキノ雅弘が長兄、プロデューサーのマキノ光雄が次男、マキノ真三が三男である。一時期、三兄弟とも東映の仕事をしていた。また、一族も映画関係の仕事をしていた。

（5）斬られた役者が長い急階段をころげ落ちるスタントのこと。

（6）撮影所にあるかまぼこ状の屋根がついた撮影用スタジオを指す。東映京都撮影所には、現在、一一のステージがある。

（7）ヒロポンは商品名で、覚醒剤の成分を含んでいる。戦中から安価で販売され日本社会に蔓延した。一九五一年七月に覚せい剤取締法が施行されたことによって、市販されなくなった。

（8）この時代、女性スタッフは記録係（スクリプター）しかほぼおらず、女性用トイレは用意されていなかった。

（9）時代劇全盛のとき、東映は二人のスターを中心に時代劇を制作しており、片岡千恵蔵が嵐山の近くに住まいがあったために「山の御大」、市川右太衛門が北大路に居を構えていたため「北（大路）の御大」と称されていた。片岡千恵蔵と市川右太衛門とも一九五一年に東映の取締役幹部として迎えられていた。市川右太衛門は「旗本退屈男」シリーズが代表作。俳優の北大路欣也は次男。

（10）Japan Action Club の略称。俳優の千葉真一が一九七〇年に、世界で通用するアクションスター・スタントマンを育成・輩出する目的で創設した。

（11）二〇二四年四月一日に俳優の品川隆二氏にインタビューしたところ、あとから合流した毛利さんが「隆ちゃんは大映の女優さんと結婚したのか。僕は松竹の女優さんとつきあっとった」と話していた。なお、芸名の由来について、毛利さん本人はいつも二つの理由を挙げて説明している。

（12）一九四八年に京都に「劇団くるみ座」を自ら旗揚げし、長く代表を務めた。『肝っ玉おっ母とその子どもたち』の演技で、一九六四年に毎日演劇賞を受賞した。

（13）スター役者の派閥と大部屋俳優群像をユーモラスに描いた映画が、『鎌田行進曲』（深作欣二、一九八二年、製作は松竹／角川春樹事務所）である。京都撮影所入口でラストシーンが撮影されている。

(14) 竹を削って、刀身にみせかけたもの。

(15) 山田永二さんによると、四〇年前までは、東映の大道具の下請けの人たちに刺青がある人たちがいたという話である（二〇二三年談）。ちなみに、俳優の室田日出男いわく、当時の東映を表す言葉があったそうである。「東映の三角マークは、まさしく「義理欠く、人情欠く、恥をかく」」（室田日出男・野口貴史「OKまでは死刑囚——役者にも五分の魂」『FB』五号、一九九五年、一七五頁）というものである。

(16) 愛称は拓ぼん。昭和の名バイプレーヤーとして活躍した。牧口雄二監督の初監督映画『玉割り人ゆき』（一九七五年）に毛利さんとともに出演している。

(17) 本花道の舞台から三分、揚幕から七分くらいのところを指す。花道での演技はここを中心としておこなわれ、舞台の出入には一旦ここに止まって多少とも必ず演技がある。

(18) 股にカニの刺青をほどこした芸者・玉栄と、腹に天狗の顔、右胸と左胸にも刺青が見える男性客などで、毛利さんの刺青絵師としての仕事を見ることができる。このほか、映画開始一六分頃に、職場旅行で訪れた男性団体客の一人として、俳優としての毛利さんの姿を確認できる。白い鉢巻をつけて目立つよう工夫しているのはさすがだ。

(19) 三島由紀夫「鶴田浩二論——「総長賭博」と「飛車角と吉良常」のなかの」『映画芸術』二五九号、一九六九年、二三—二五頁。『波』五四巻一二号、二〇二〇年に再録。

(20) 一九六〇年代半ばに「セメント靴」と呼ばれる接着剤を用いる製法が普及することにより、靴が安価なものとなり、靴を履く習慣が定着する。革靴は戦後しばらく誂えるもので、サラリーマンの初任給とほぼ同じ価格であった。稲川實・山本芳美『靴づくりの文化史——日本の靴と職人』現代書館、二〇一一年を参照。

(21) 伊藤彰彦『仁義なきヤクザ映画史——1910-2023』文藝春秋、二〇二三年、一〇九頁。

(22) 同書、同頁。

(23) 取材・杉作J太郎「三上寛インタビュー」杉作J太郎・植地毅編著『東映実録バイオレンス浪漫アルバム』徳間書店、二〇一八年、一五五頁。

(24) 品川隆二氏へのインタビュー記事によると、東映の中に時代劇の契約俳優のみで結成された労働組合があり、そのリーダーが中村錦之助で、さまざまな切り崩しにあったために、最後に品川氏を入れて七名のみが組合に残ったが解散した。品川隆二述、谷川建司、小川順子、木村智哉ほかインタビュアー「撮影所・労働組合・時代劇」谷川建司編『映画人が語る 日本映画史の舞台裏［撮影現場編］』森話社、二〇二一年、三七七―三八二頁。

(25) 中村錦之助は一九六六年に東映を退社している。

(26) 東映株式会社公式 Facebook「『私と東映』×神先頌尚氏インタビュー（第3回／全4回）」https://www.facebook.com/notes/99107373915840/（最終アクセス日：二〇二四年一〇月二八日）。

(27) 三代目中村翫右衛門《かんえもん》。四代目河原崎長十郎、五代目河原崎國太郎などとともに前進座を結成した。

(28) 東映の東西の撮影所、東映東京撮影所、東映京都撮影所の敷地内にそれぞれ新設された制作所のうち、京都側に出来た「東映京都制作所」が前身である。実際は過激な組合活動家のスタッフをここに配置し、撮影所本体の進行をスムーズにしようという当時の岡田茂所長の発案によるテレビプロの設立となった。しかし、京都制作所独自で取引先を増やし、『水戸黄門』や『大岡越前』などを受注するなどして、生き残った。二〇一六年九月一日付けで東映と合併した。

(29) 写真や動画の撮影において用いる表面を銀色に仕上げた反射板（レフレクター）のこと。

(30) 主演のロバート・ミッチェムが出演した一九五五年の『狩人の夜』（原題：*The Night of the Hunter.* チャールズ・ロートン）は、刺青映画としても傑作である。

(31)「映画村10年の歩み」編集委員会編『映画村10年の歩み』東映京都スタジオ、一九八五年、「映画村20年の歩み」編集委員会編『映画村20年の歩み』東映京都スタジオ、一九九五年、「映画村30年の歩み」編集委員会編『映画村30年の歩み』東映京都スタジオ、二〇〇五年などを参照。

(32) 一九七五年四月二〇日にも実施して、二万人が押しかけた。「東映太秦映画村 50年の歩み」(https://www.toei-eigamura.com/50th/)を参照。

(33) 一九八三年に始まった「ミスター・ミス映画村」は全国で大規模なオーディションを実施していた。

(34) 祖父は円谷英二で、父は円谷一。一九八四年に『宇宙刑事シャイダー』(テレビ朝日)で初主演した。

(35) ガラス張りステージのロケーションスタジオ、通称「ロケスタ」では一時期、三日間ぐらいで撮影できる台本をもとに、一五分くらいのショーをビデオ撮影して作品をつくる工程を来場者に見せていた。山田永二さんのお話では、毛利さんとはロケスタで初めて会ったそうである。スタッフ役はスタッフ自身が務め、監督役は俳優がしていた。毛利さんは、サングラスにスーツ姿で雨や雪を降らしたり、照明をするなどしていたそうである。

また、毛利さん自身は忘れているようであるが、「毛利さんは刺青絵を映画村の道端で売っていたよ」と岐阜彫秀氏は筆者のインタビューで述べている。

(36) 一九八一年一一月九日に来村。

(37) 「嫌な部分もいっぱい見えちゃったんですよね。たとえば、撮影所勤務の人たちを本社に移動させる。ところが撮影所の人間は職人ですから、事務的な仕事ができない。そうすると、会社側はその人たちの首を切ってしまう。逆もありますよね」(白川和子「ハートがないと絶対に演じられない」志村三代子、ヨハン・ノルドストロム、鳩飼未緒編『日活ロマンポルノ 性の美学と政治学』水声社、二〇二三年、二七一頁)。

(38) 宮下義弘「太秦映画村」『NHK新日本紀行第三集 男たちのドラマ』新人物往来社、一九七八年、一五四頁。

(39) 調べたものの、映像の行方は不明であった。なお、地元の大学に進学した息子のM氏も、撮影所で刺青の仕事を手伝ったそうである。「どうしたらいい?」と聞くと「とにかく、ベタ塗りしておけ」と言われたという。

(40) 二〇二三年一二月に、一九七一年頃にNETの番組『東映アワー』で放送された『映画を支える人々 刺青絵師・毛利清二』(一五分)のフィルムを発掘することができた。放送後に毛利さんがもらいうけたもののようだ。おもちゃ映画ミュージアムに依頼し、デジタル化して、二〇二四年五―七月の企画展の会場で上映した。

二〇二四年一一月九日に、NHKBSで放送された特集番組「没後10年 高倉健にあいたい」には、テレビ東京が撮影した毛利さんと剣会の人々が刺青を描く姿の映像が含まれていた。

(41) 原作は倉科遼原作、和気一作作画による漫画『女帝SUPER QUEEN』(後に『女帝』。一九九六―二〇〇一年に『週刊漫画TIMES』に掲載)である。二〇〇一年に映画化され、二〇〇七年にもテレビドラマ化されている。

(42) この写真の一部は、春日太一氏が責任編集を務めた『高倉健――みんなが愛した最後の映画スター』(河出書房新社、二〇二二年)で見ることができる。

解説1

(1) 毛利清二『刺青絵師――毛利清二自伝』古川書房、一九九八年、二八―三二頁。

(2) 一九八五年に毛利がフリーとなるまで、「刺青」あるいは「刺青絵師」のクレジットは入っていないことのほうが多い。

(3) 「役者兼刺青師 趣味を生かした東映の毛利清二」『週刊現代』一九六五年一一月一八日号。なお、本文中では明記されていないが、毛利によれば『花と龍』における中村錦之助の刺青は越川秀一が担当したという。

(4) 本稿で引用する毛利の発言は、特に記載がない場合、筆者との会話のなかでなされたものである。

(5) 役者として日活、大映を経て、東京映画配給設立とともに東横映画(のちの東映)が大映から配給を移管した頃に同社へ移った尾上は、移籍後も東映作品だけではなく『弁天小僧』(伊藤大輔、一九五八年)など大映作品でも刺青を描いていた(「日本映画俳優全集・男優編」『キネマ旬報』一九七九年一〇月二三日増刊号、一二九頁)。越川も、もとは役者であり、主に松竹作品に出演していた。絵を描くのが好きで、いつからか刺青を描くようになり、東千代之介が東映に入社した一九六四年頃からは千代之介のマネージャー、刺青絵師、釜飯屋の店主と三つの顔を持っていた。

千代之介が東映を退社した一九六五年頃に映画業界を離れ、一九七四年に亡くなるまで、かねてから望んでいた型友禅の仕事をしていたという。なお、詳細が残されていない越川氏に関する貴重なお話は、甥にあたる元東映京都撮影所技術部の佐賀彰氏からお聞かせいただいた。佐賀氏にはこの場を借りて御礼申し上げる。

(6) 河野は一九四六年に俳優として東横映画に入社し、一九五〇年に新東宝に移っている(『キネマ旬報』一九七九年、二〇七頁)。その頃から見よう見まねで刺青を描いていたというが、本格的に描いたのは東映の『花と龍』第一部・第二部(佐伯清、一九五四年)が最初で、それは主演を務めた新東宝の藤田進が河野を推薦したからだったという(「伝説の刺青師が明かす〝日活&東映スター〟交流秘話「酒盛りしながら唐獅子牡丹を」」『アサ芸プラス』二〇一五年六月一三日、https://www.asagei.com/excerpt/37645#goog_rewarded(最終アクセス日:二〇二四年一〇月二七日))。

(7) テレビの普及もあって大幅に観客数が減少した一九六〇年代の映画業界では、生き残り戦略としてエロ映画、やくざ映画が量産されていた。この辺りの事情については、北浦寛之「一九六〇年代のエロ・やくざ映画ブームとその背景——プレスシートから探る映画会社の宣伝戦略」大塚英志編『動員のメディアミックス——〈創作する大衆〉の戦時下・戦後』思文閣出版、二〇一七年で詳細に論じられている。

(8) 「映画への異常な愛情 または私はいかにしてそれらを愛するようになったか 美術(後篇)」『キネマ旬報』一九九五年七月上旬号、一六一頁。なお、ここで刺青絵師として言及されているのは霞涼二である。

(9) 「彫らざあなるめえ馬鹿のつき合い——なにやら伊達な刺青の世界」『アサヒグラフ』一九七一年一〇月一五日号、五〇頁。

(10) 野地秩嘉『高倉健インタヴューズ』プレジデント社、二〇一二年、Kindle版、一三七頁。

(11) ただし、台本では政五郎の刺青は「昇り竜」、秋尾の刺青は「女郎蜘蛛」となっており、映画ではそれぞれ「龍王太郎」と「牡丹」、「豆手と猫」に変更されている。このように毛利はしばしば、台本の図柄と映画での図柄を変更している（『鬼龍院花子の生涯』撮影台本、東映太秦映画村・映画図書室所蔵）。

（12）台本にはなかったこの刺青は、歌を演じた岩下志麻が提案したものである（春日太一『美しく、狂おしく――岩下志麻の女優道』文春文庫、二〇二一年、kindle版、一八四頁）。

（13）宮尾登美子『鬼龍院花子の生涯〈新装版〉』文春文庫、二〇一一年、一六三頁。

（14）映画における田辺恭介の人物像は、小説での安《あ》芸盛《きさかん》と田辺恭介を織り交ぜて構成されている。したがって小説と映画では物語の設定や状況が異なるが、①松恵と田辺が互いを想い続けていること、②両者が心を通わす契機に『マルテの手記』があることは同様である。

（15）ライナー・マリア・リルケ『マルテの手記』大山定一訳、新潮文庫、二〇〇一年、三三三頁。

（16）同書、三〇九頁。

解説2

（1）「東映本体での映画興行業、劇場開発賃貸管理、海外映画テレビ作品販売、教育映画、不動産開発に加え、東映アニメーション、テレビ朝日、東映テレビ・プロダクション、東映エージェンシー、東映CM、東映ラボテック、東映ホテルグループ、東映建工、東映ビデオなど、東映グループを支える主要事業のほとんどは」一九七〇年代までに初代社長の大川博が映画製作配給業以外に取り組んだ事業であった。山口記弘「93．第四章「行け行け東映・積極経営推進」」『東映行進曲』https://note.com/toei70th/n/nf24546c5574c（最終アクセス日：二〇二四年五月三一日）。

　なお、この多角化は、映画制作部門の縮小を余儀なくされた際に、タクシーやフラワーデザインなど、映画以外の仕事を開拓し、従業員を振り分けて経営危機を乗り切ろうとした試みであったとの指摘もある。宮下義弘「太秦映画村」『NHK新日本紀行第三集　男たちのドラマ』新人物往来社、一九七八年、一七〇頁。

（2）山本芳美『イレズミと日本人』平凡社新書、二〇一六年、一〇四―一〇五頁。

（3）藤木TDC『アウトロー女優の挽歌――スケバ

ン映画とその時代』洋泉社、二〇一八年。
（4）春日太一『あかんやつら――東映京都撮影所血風録』文藝春秋、二〇一三年、二一九頁。
（5）小高正巳・加東康一・由原木七郎・岡田敬三・（司会）林冬子「東映太秦映画村　座談会／映画村繁昌記」『映画情報』四一巻一号、一九七六年。
（6）春日、前掲書、二三二頁。

解説3

（1）浄土宗大本山増上寺三六世法主である一方、「江戸の悪霊祓い師」と評される僧。江戸時代中期に庶民から篤い信仰を寄せられ、将軍家、大名家、皇族に至るさまざまな人々から帰依を受けた。
（2）伊藤彰彦『仁義なきヤクザ映画史――1910-2023』文藝春秋、二〇二三年、四〇頁。
（3）すでに一九三八年の『弥次㐂夛道中記』と一九四〇年の『彌次喜多　名君初上り』という二本のオペレッタ映画（両作とも日活、監督はマキノ正博）で、遠山金四郎を演じている。「いれずみ判官」シリーズ二作目にあたる『女賊と判官』（マキノ雅弘・萩原遼、一九五一年）は『弥次㐂夛道中記』のリメイクである。
（4）東映でキャメラマンを務めた吉田貞次は、次のように説明している。

「劇映画で、現代劇のはじめは、東京で新劇を中心にやったものです。関西は、歌舞伎を中心にやってきた。だから、関西には歌舞伎の習慣がたいへん強く入ってきたんです。いまでは、だいぶん薄れましたが。

歌舞伎は、一家を成している。中心になるひとは旦那、その子どもは若旦那。ちからが強い。そのまわりには、あらゆる取り巻きがいるんです。役者を立てるようなシナリオライターや監督、いわゆる「座附き」がいる。小道具、大道具、メーキャップ、彼らをすべて、配下におく。で、御大とか先生とかいわれる。これは歌舞伎の習慣で、そこでは、いくら腕のあるいい役者でも、下のもんは上にはいけない。

この習慣を、（片岡）千恵蔵も（市川）右太衛門も阪妻（阪東妻三郎）も大河内（大河内傳次郎）も、長谷川一夫もみんな、撮影所にもちこんだんです。（中略）

そうなると、製作現場で、監督が中心なのに、かならずしも監督の意見ばっかりがとおるわけではなくなってしまうんです」(「聞き書き 満映から仁義なき戦いまで――キャメラマン 吉田貞次」『FB』三号、一九九四年、一一六頁)。

(5) 東映には、高倉健が一九五五年の第二期、里見浩太朗が一九五六年の第三期、佐久間良子が一九五七年の第四期、梅宮辰夫が一九五八年の第五期、千葉真一が一九五九年の第六期にニューフェイスとして入社している。

(6) 伊藤、前掲書、二九三頁。

(7) 伊藤彰彦が、東映の演出助手でのちに劇作家・評論家となった菅孝行にインタビューしたところによると、以下の状況であったという。

「当時の撮影所には、Nさんのようなかつての渡世から足を洗った製作主任もいたし、大道具には在日韓国・朝鮮人の元日本チャンピオンのボクサーもいて、四国や九州など全国から流れてきた人たちの方言がミックスした独特の京都弁が飛びかっていました。

撮影所は、ロケーションのときに必ず撮影にクレームをつけにくる地回り《チンピラ》と話をつけるために現役のヤクザかも知れない嘱託を雇っていました。その「闇の秩序」の元締めが中島会から来たMさんとNさんでした。労働争議の際、第一組合員が岡田茂撮影所長を、夜を徹して部屋に閉じ込めたとき、朝方、岡田さんにそっと風呂敷に包んだ縄梯子を届けて岡田さんを二階から逃がしたのがMさん。

私が元ヤクザの仕出しの俳優さんと現場で大喧嘩した際に、その晩、彼がドスを呑んで私の住んでいる寮まで来たとき、堅気に手を出した彼をボコボコにしたのがNさんでした。他の業界では資本家に雇われたヤクザが外から組合潰しをやりましたが、東映京都ではそんなことはなく、元渡世人も組合員でした。俊藤さんが入って来てからは、現役のヤクザが大手を振って「現場指導」と称して出入りするようになりました」(伊藤、前掲書、一〇四頁)。仮名の人々は、原文では実名。

(8) 毛利の『自伝』では、以下のように説明されている。「私は、その筋の人に頼み込んで、実際の賭場の場面を見せてもらいました。さすがに殺気が立ち込め、近寄りがたいものがありましたが、それらを子細に観察し、教えも乞いました。

　関東では丁半とバッタ。関西では本引が主流であり、手本引（懐で札を操る）とサイ本引き（サイコロを使う）があること。他にもチョボイチというのもあります。私は壺振りの所作や交代の時のあいさつの言葉や作法などを学び、合力の動きも知りました。

　合力とは壺振りの横に座り、賭場の進行と計算を担当する役目です。

　東映の初期の任侠映画には、その筋の人が撮影時に指導に来ていました。だからこそ、緊迫感に満ちたリアルなシーンが再現され、他社の類似作品には真似のできない凄さがありました」（五二頁）。

（9）「第一章　「実録俳優」安藤昇の世界」、「玉橋亨インタビュー」（構成・杉作J太郎）杉作J太郎・植地毅編著『東映実録バイオレンス浪漫アルバム』徳間書店、二〇一八年、三六―六九頁、一九五―一九六頁、春日太一『あかんやつら――東映京都撮影所血風録』文藝春秋、二〇一三年、二四八頁。

（10）伊藤、前掲書、二二六―二二九頁。

（11）欧米からの旅行者のタトゥー比率が高く、アメリカでは成人の三五パーセントに何らかのタトゥーが一つ以上ある。ちなみに、筆者は日本のイレズミ・タトゥー人口は成人の二パーセント程度と見積もっている。山本芳美「二分化する日本のイレズミ・タトゥー観――私たちに求められるのは歴史と文化の理解」『Fashion Tech News』二〇二二年七月三一日、https://fashiontechnews.zozo.com/research/yoshimi_yamamoto?page=2（最終アクセス日：二〇二四年五月二六日）を参照。

（12）「映画「仁義なき戦い」や「極道の妻たち」が撮影された東映京都撮影所（京都市右京区）で［11月」21日、京都府警による暴力団排除の研修会が開かれ、東映のスタッフや俳優ら約１００人が参加、暴力団と関係を持たないと誓う「暴力［団］排除宣言」をした。
　研修会では、時代劇の衣装を身に着けた女優と府警担当者が、不当要求の断り方をロールプレーイング形式で実演。研修会終了後、「暴力団の不当要求は断固拒否する」「暴力団を利用しない」などとする宣言を読み上げた。

参加した俳優（59）は「興行のために暴力団を頼った時代もあると聞くが、きっぱりと決別すべき時代が来ていると思う」と話した。

研修会は、4月に府の暴力団排除条例が施行されたのを受け、府警が呼び掛け、開かれた」（「東映撮影所が暴排宣言　俳優も「暴力団お断り」」『スポニチアネックス』二〇一一年一一月二一日、https://www.sponichi.co.jp/entertainment/news/2011/11/21/kiji/K20111121002080360.html（最終アクセス日：二〇二五年二月五日））。

（13）関東キー局の編成部が、「当面のキャスティング見合わせ」「他のタレントがトークでネタにすることもＮＧ」などとし、松方本人が不在の番組でも写真や名前すら出せない事実上の〝完全追放〟となっていることを二〇一一年九月二九日号の『週刊文春』が報じた。テレビ局と警察は、暴力団とつながりが深い芸能人をリストアップし、対象となった芸能人をテレビ出演から締め出した。松方弘樹・伊藤彰彦『無冠の男――松方弘樹伝』講談社、二〇一七年、二七八―二八三頁を参照。

（14）日本民間放送連盟『民放連　放送基準解説書２０２４』日本民間放送連盟、二〇二四年、一三頁。

（15）村上浩一「最近よく聞く「あれもダメこれもダメという自主規制のせいでテレビがつまらなくなった」という声に、〝規制する側〟の中の人が答えてみました。【後編】」『民放online』二〇二四年九月一三日、https://minpo.online/article/post-466.html（最終アクセス日：二〇二四年一二月八日）。

毛利清二　略年譜

一九三〇（昭和　五）年　〇　歳　四月二六日に京都に出生。

一九三八（昭和一三）年　八　歳　父亡くなる。

一九四五（昭和二〇）年　一五歳　終戦。

一九四八（昭和二三）年　一八歳　繊維会社に就職。

一九五四（昭和二九）年　二四歳　繊維関係の不況のため失職する。知り合いの画学生に紹介されて、映画のエキストラになる。

一九五五（昭和三〇）年　二五歳　マキノ真三プロデューサーから紹介され、東映京都撮影所に入所する。近衛十四郎の付き人になる。

一九五七（昭和三二）年　二七歳　東映剣会に入会。

一九五八（昭和三三）年　二八歳　レギュラー出演したテレビドラマ『風小僧』の放送が始まる。

一九六二（昭和三七）年　三二歳　八月、東映歌舞伎（明治座）に出演。

一九六四（昭和三九）年　三四歳　『博徒』（鶴田浩二主演・小沢茂弘監督）などで、大部屋俳優に刺青を描く。『博徒対テキ屋』では主演の鶴田浩二ほかに刺青を描く。

一九六五（昭和四〇）年　三五歳　推されて俳優組合の書記長になるが、照明部の造反があり、すぐに組合から脱退する。

一九六七（昭和四二）年　三七歳　『博奕打ち 一匹竜』（鶴田浩二主演・小沢茂弘監督）のために、東京に派遣されて、彫師の初代彫文（山田文三）の仕事場を見学する。東映京都撮影所の岡田茂所長の命で、東映東京撮影所に派遣され、『昭和残侠伝　血染の唐獅子』などで刺青を描く。

一九七〇（昭和四五）年　四〇歳　テレビ時代劇『遠山の金さん捕物帳』主演の中村梅之助に刺青を描く。

一九七一（昭和四六）年　四一歳　『懲役太郎 まむしの兄弟』ほか

一九七四（昭和四九）年　四四歳　『ザ・ヤクザ』の仕事でハリウッドに行く予定だったが、予算の関係で果たせず。

一九七五（昭和五〇）年　四五歳　東映京都撮影所から、東映太秦映画村を経営する東映京都スタジオに異動。販売部主任となり、映画村で楽焼屋の主人を任される。

一九七八（昭和五三）年　四八歳　『柳生一族の陰謀』（萬屋錦之介・千葉真一主演・深作欣二監督）で三代将軍家光を演じた松方弘樹の顔のメイクを担当する。東映京都スタジオ販売部係長となる。

一九八二（昭和五七）年　五二歳　『鬼龍院花子の生涯』、『雪華葬刺し』などで刺青を担当する。

一九八三（昭和五八）年　五三歳　映画村エンタープライズ芸能部に異動。イベント請負事業やロケーションスタジオの運営、ミス映画村の運営などに関わる。

一九八四（昭和五九）年　五四歳　『北の螢』（仲代達矢主演・五社英雄監督）、『修羅の群れ』（松方弘樹主演・山下耕作監督）

一九八五（昭和六〇）年　五五歳　映画村エンタープライズを定年退職。フリーランスとなってさらに忙しくなり、全国のスタジオを飛び回る。『夜叉』（高倉健主演・降旗康男監督）

一九八六（昭和六一）年　五六歳　『極道の妻《おんな》たち』（岩下志麻主演・五社英雄監督）

一九八八（昭和六三）年　五八歳　『名奉行 遠山の金さん』始まる。『姐御』（黒木瞳主演・鷹森立一監督）、『肉体の門』（かたせ梨乃主演・五社英雄監督）

一九九二（平成 四 ）年　六二歳　日本アカデミー賞協会特別賞を受賞。

一九九八（平成一〇）年　六八歳　『刺青絵師——毛利清二自伝』（古川書房）出版。

一九九九（平成一一）年　六九歳　『残侠 ZANKYO』（高嶋政宏主演・関本郁夫監督）

二〇〇〇（平成一二）年　七〇歳　ゴルフ三昧。

二〇〇二（平成一四）年　七二歳　飼い犬のラブが自宅に来る。

二〇〇三（平成一五）年　七三歳　映画の仕事としては最後となる『新・仁義なき戦い／謀殺』（高橋克典主演・橋本一監督）で渡辺謙に刺青を描く。

二〇〇五（平成一七）年　七五歳　『名奉行 大岡越前』（北大路欣也主演）の第五話に俳優としては最後の

出演。

二〇〇六（平成一八）年　七六歳　『遠山の金さん』第七シリーズ（松平健主演）

二〇一〇（平成二二）年　八〇歳　東映を「卒業」。九月二四日、俳優会館三階にある刺青部屋を退去。絵筆などはすべて捨てた。

二〇一一（平成二三）年　八一歳　仕立屋銀次を目指し、ミシンで浴衣、肌襦袢、ステテコ、バッグなどを縫い始める。

二〇一六（平成二八）年　八六歳　自宅で資料の整理を始める。

二〇一七（平成二九）年　八七歳　ラブの死に大いに泣く。

二〇二四（令和　六）年　九四歳　三月一〇日、化粧文化研究者ネットワーク・京都大学映画コロキアム共催「東映・刺青絵師　毛利清二さんに聞く「俳優に刺青《すみ》を描く《ながす》」とは」（於：京都大学）で八〇名近い来場者が集まり、大盛況となる。五月一日から七月二八日まで「毛利清二の世界　映画とテレビドラマを彩る刺青展」を、京都四条大宮にある「おもちゃ映画ミュージアム」で開催。

図版クレジット

口絵 1	『博奕打ち 一匹竜』（小沢茂弘、1967 年／東映）	© 東映
口絵 2	『鬼龍院花子の生涯』（五社英雄、1982 年／東映、俳優座映画放送）	© 東映
口絵 3	『鬼龍院花子の生涯』より仲代達矢への刺青下絵「龍王太郎」	© 毛利清二 © 東映
口絵 4	『女郎蜘蛛』（牧口雄二、1996 年／東映ビデオ）より大沢逸美への刺青下絵「天女」	© 毛利清二 © 東映
図 2	桜吹雪のためのドローイング	© 毛利清二
図 3	『肉体の門』よりかたせ梨乃への刺青下絵「関東小政」	© 毛利清二 © 東映
図 4	『懲役太郎 まむしの兄弟』（1971 年）	© 東映
図 5	『懲役太郎 まむしの兄弟』より菅原文太への刺青下絵「まむし」	© 毛利清二 © 東映
図 6	同作より安藤昇への刺青下絵「一匹竜」	© 毛利清二 © 東映
図 8	『徳川いれずみ師 責め地獄』（1969 年）	© 東映
図 9	『徳川いれずみ師 責め地獄』より刺青下絵「壽」	© 毛利清二 © 東映
図 10	『仁義なき戦い』（1973 年）より菅原文太への刺青下絵「昇り鯉」	© 毛利清二 © 東映
図 11	『昭和残侠伝 死んで貰います』（1970 年）より高倉健への刺青下絵「唐獅子牡丹」	© 毛利清二 © 東映
図 12	『極道兇状旅』（1970 年）より若山富三郎への刺青下絵「生首」	© 毛利清二 © 東映
図 13	『新・極道の妻たち 覚悟しいや』（1993 年）より北大路欣也への刺青下絵「龍」	© 毛利清二 © 東映
図 14	『姐御』（1988 年）準備風景（毛利さん撮影）	© 毛利清二
図 15	『姐御』より松方弘樹への刺青下絵「真鯉」	© 毛利清二 © 東映
図 16	同作より黒木瞳への刺青下絵「緋鯉」	© 毛利清二 © 東映

図 17	『新・仁義なき戦い／謀殺』（2003 年）より渡辺謙への刺青下絵「唐獅子牡丹」（右腕胸）、「龍」（左腕胸）	© 毛利清二 © 東映
図 18	『新・仁義なき戦い／謀殺』より渡辺謙への刺青下絵「不動明王」（背中）	© 毛利清二 © 東映
図 19	『遠山の金さん（高橋英樹）』（1982 年）準備風景	© 東映
図 20	『男の代紋』（山下耕作、1972 年）出演時の高橋さん	© 東映
図 21	『男の代紋』より下絵「悲母観音」（部分）	© 毛利清二 © 東映
図 22	ドラマ『鬼龍院花子の生涯』（2010 年）より高橋英樹への刺青下絵「般若」	© 毛利清二
図 23	楽焼屋の主人をしていた頃の毛利さん	© 東映太秦映画村

フィルモグラフィー

ここでは毛利の刺青絵師としてのキャリアを、東映京都撮影所が岡田茂と俊藤浩滋のタッグで任侠映画を量産し始めた1964年から、毛利がドラマ『鬼龍院花子の生涯』で引退する2010年までの46年間とした。これはおおよそ、毛利が刺青のために絵筆と色料を手にとった瞬間から、それらの商売道具を置くまでの期間に一致する。1985年でフリーとなるまで刺青絵師としてはほとんどクレジットに載ることのなかった毛利の仕事に、正確な「始点」を見出し、担当したすべての作品を列挙するのは実のところ非常に困難である。

したがって以下に示すリストは、完全なるフィルモグラフィーとは言い難い。あくまでも、2024年11月までに判明した作品の一覧である。作成にあたっては、映像資料、映像にアクセスできない場合はスチル写真（場面写真）と刺青下絵を照らし合わせ、毛利による仕事かどうかを判断した。また、『銭形平次』（大川橋蔵主演、1966〜84年）第一話の小道具（彫師の家にある刺青下絵）を皮切りに、毛利は映画だけでなく数多くのテレビドラマでも刺青や刺青に関する小道具を担当してきた。しかし今回は紙幅の関係上、映画担当作品一覧の最後に、主演を含むレギュラーキャストあるいはゲストに描いている作品のみ付記するにとどめた。

映画担当作品（オリジナルビデオを含む）

No.	公開年	公開日	作品タイトル	監督	製作
1	1964年	6月20日	悪坊主侠客伝	大西秀明	東映京都
2		7月11日	博徒	小沢茂弘	〃
3		8月13日	日本侠客伝	マキノ雅弘	〃
4		10月21日	監獄博徒	小沢茂弘	〃
5		12月24日	博徒対テキ屋	小沢茂弘	〃
6	1965年	1月30日	日本侠客伝 浪花篇	マキノ雅弘	〃
7		2月13日	バラケツ勝負	松田定次	〃
8		2月25日	いれずみ判官	沢島忠	〃
9		4月18日	関東流れ者	小沢茂弘	〃

10		7月10日	関東やくざ者	小沢茂弘	〃
11		8月12日	日本侠客伝 関東篇	マキノ雅弘	〃
12		8月26日	次郎長三国志 甲州路殴り込み	マキノ雅弘	〃
13		9月18日	明治侠客伝 三代目襲名	加藤泰	〃
14		10月31日	関東破門状	小沢茂弘	〃
15		11月20日	花と龍	山下耕作	〃
16	1966年	1月13日	続・花と龍 洞海湾の決斗	山下耕作	〃
17		2月3日	日本侠客伝 血斗神田祭り	マキノ雅弘	〃
18		3月19日	日本大侠客	マキノ雅弘	〃
19		4月1日	沓掛時次郎 遊侠一匹	加藤泰	〃
20		4月23日	兄弟仁義	山下耕作	〃
21		5月3日	関東やくざ嵐	小沢茂弘	〃
22		7月1日	男の勝負	中島貞夫	〃
23		7月9日	博徒七人	小沢茂弘	〃
24		8月13日	続兄弟仁義	山下耕作	〃
25		9月17日	日本侠客伝 雷門の決斗	マキノ雅弘	〃
26		11月19日	お尋ね者七人	小沢茂弘	〃
27		11月23日	牙狼之介	五社英雄	〃
28		12月30日	兄弟仁義 関東三兄弟	山下耕作	〃
29	1967年	1月28日	日本侠客伝 白刃の盃	マキノ雅弘	〃
30		1月28日	博奕打ち	小沢茂弘	〃
31		3月10日	男の勝負 仁王の刺青	鈴木則文	〃
32		4月20日	一心太助 江戸っ子祭り	山下耕作	〃
33		5月3日	博奕打ち 一匹竜	小沢茂弘	〃
34		5月3日	侠客道	鈴木則文	〃
35		6月17日	男涙の破門状	山下耕作	〃
36		7月8日	博奕打ち 不死身の勝負	小沢茂弘	〃

37		7月8日	昭和残侠伝 血染の唐獅子	マキノ雅弘	東映東京
38		8月12日	兄弟仁義 関東命知らず	山下耕作	東映京都
39		8月26日	浪花侠客 度胸七人斬り	小沢茂弘	〃
40		9月15日	日本侠客伝 斬り込み	マキノ雅弘	〃
41		9月28日	男の勝負 関東嵐	山下耕作	〃
42		10月10日	侠客の掟	鳥居元宏	〃
43		10月10日	銭形平次	山内鉄矢	〃
44		12月2日	三人の博徒	小沢茂弘	〃
45	1968年	1月14日	博奕打ち 総長賭博	山下耕作	〃
46		1月27日	男の勝負 白虎の鉄	山下耕作	〃
47		2月9日	博徒解散式	深作欣二	東映東京
48		2月22日	日本侠客伝 絶縁状	マキノ雅弘	東映京都
49		3月5日	極道	山下耕作	〃
50		3月30日	博奕打ち 殴り込み	小沢茂弘	〃
51		5月21日	馬賊やくざ	小沢茂弘	〃
52		6月28日	温泉あんま芸者	石井輝男	〃
53		8月1日	侠客列伝	マキノ雅弘	〃
54		8月14日	極悪坊主	佐伯清	〃
55		9月3日	いかさま博奕	小沢茂弘	〃
56		9月14日	緋牡丹博徒	山下耕作	〃
57		9月18日	兵隊極道	佐伯清	〃
58		9月28日	徳川女刑罰史	石井輝男	〃
59		10月12日	妖艶毒婦伝 般若のお百	石川義寛	〃
60		11月22日	緋牡丹博徒 一宿一飯	鈴木則文	〃
61		11月30日	極悪坊主 人斬り数え唄	原田隆司	〃
62		12月28日	博徒列伝	小沢茂弘	〃
63	1969年	1月9日	残酷異常虐待物語 元禄女系図	石井輝男	〃

64		2月1日	緋牡丹博徒 花札勝負	加藤泰	〃
65		3月6日	昭和残侠伝 唐獅子仁義	マキノ雅弘	東映東京
66		3月30日	旅に出た極道	佐藤純弥	東映京都
67		4月10日	緋牡丹博徒 二代目襲名	小沢茂弘	〃
68		5月3日	徳川いれずみ師 責め地獄	石井輝男	〃
69		5月24日	おんな刺客卍	山下耕作	〃
70		5月31日	日本侠客伝 花と龍	マキノ雅弘	東映東京
71		6月14日	極悪坊主 念仏人斬り旅	原田隆司	東映京都
72		7月31日	日本女侠伝 侠客芸者	山下耕作	〃
73		9月6日	必殺博奕打ち	佐伯清	〃
74		9月20日	ごろつき部隊	小沢茂弘	〃
75		9月20日	女親分 喧嘩渡世	原田隆司	〃
76		10月1日	緋牡丹博徒 鉄火場列伝	山下耕作	〃
77		11月28日	昭和残侠伝 人斬り唐獅子	山下耕作	東映東京
78		12月27日	渡世人列伝	小沢茂弘	東映京都
79	1970年	1月31日	殺し屋人別帳	石井輝男	〃
80		2月21日	極悪坊主 念仏三段斬り	原田隆司	〃
81		3月5日	関東テキヤ一家 喧嘩仁義	鈴木則文	〃
82		3月29日	博徒一家	小沢茂弘	〃
83		4月10日	新 兄弟仁義	佐伯清	東映東京
84		4月18日	博奕打ち 流れ者	山下耕作	東映京都
85		5月1日	関東テキヤ一家 天王寺の決斗	鈴木則文	〃
86		8月1日	日本女侠伝 鉄火芸者	山下耕作	〃
87		8月28日	博徒仁義 盃	佐伯清	〃
88		9月9日	札つき博徒	小沢茂弘	〃

89		9月22日	昭和残侠伝 死んで貰います	マキノ雅弘	東映東京
90		10月3日	極道兇状旅	山下耕作	東映京都
91		11月11日	人斬り観音唄	原田隆司	〃
92		12月3日	日本侠客伝 昇り龍	山下耕作	〃
93	1971年	1月23日	女渡世人	小沢茂弘	〃
94		2月13日	関東テキヤ一家 喧嘩火祭り	鈴木則文	〃
95		2月25日	極悪坊主 飲む打つ買う	齋藤武市	〃
96		3月6日	日本やくざ伝 総長への道	マキノ雅弘	〃
97		4月3日	日本女侠伝 血斗乱れ花	山下耕作	〃
98		4月28日	日本侠客伝 刃	小沢茂弘	〃
99		5月8日	暴力団再武装	佐藤純弥	東映東京
100		6月1日	緋牡丹博徒 お命戴きます	加藤泰	東映京都
101		6月1日	懲役太郎 まむしの兄弟	中島貞夫	〃
102		7月3日	傷だらけの人生	小沢茂弘	〃
103		7月31日	女渡世人 おたの申します	山下耕作	〃
104		8月26日	日本悪人伝	村山新治	〃
105		9月7日	関東兄弟仁義 任侠	齋藤武市	〃
106		10月1日	まむしの兄弟 お礼参り	本田達男	〃
107		10月27日	昭和残侠伝 吼えろ唐獅子	佐伯清	東映東京
108		10月27日	女番長ブルース 牝蜂の逆襲	鈴木則文	東映京都
109		11月19日	現代やくざ 血桜三兄弟	中島貞夫	〃
110		12月3日	任侠列伝 男	山下耕作	〃
111		12月17日	関東テキヤ一家 浅草の代紋	原田隆司	〃
112		12月17日	現代ポルノ伝 先天性淫婦	鈴木則文	〃
113	1972年	1月11日	緋牡丹博徒 仁義通します	齋藤武市	〃

114		2月3日	まむしの兄弟 懲役十三回	中島貞夫	〃
115		4月1日	望郷子守唄	小沢茂弘	〃
116		5月27日	日本暴力団 殺しの盃	降旗康男	〃
117		5月27日	昭和おんな博徒	加藤泰	〃
118		6月21日	男の代紋	山下耕作	〃
119		7月4日	極道罷り通る	小沢茂弘	〃
120		8月12日	女番長ゲリラ	鈴木則文	〃
121		8月25日	まむしの兄弟 傷害恐喝十八犯	中島貞夫	〃
122		10月12日	着流し百人	小沢茂弘	〃
123		11月21日	日蔭者	山下耕作	〃
124		11月21日	緋ぢりめん博徒	石井輝男	〃
125		12月2日	エロ将軍と二十一人の愛妾	鈴木則文	〃
126		12月16日	賞金首 一瞬八人斬り	小沢茂弘	〃
127		12月30日	昭和残侠伝 破れ傘	佐伯清	東映東京
128	1973年	1月13日	仁義なき戦い	深作欣二	東映京都
129		1月13日	女番長	鈴木則文	〃
130		2月17日	まむしの兄弟 刑務所暮し四年半	山下耕作	〃
131		2月17日	不良姐御伝 猪の鹿お蝶	鈴木則文	〃
132		4月28日	仁義なき戦い 広島死闘篇	深作欣二	〃
133		5月12日	三池監獄 兇悪犯	小沢茂弘	〃
134		6月7日	やさぐれ姐御伝 総括リンチ	石井輝男	〃
135		8月11日	山口組三代目	山下耕作	〃
136		9月1日	まむしの兄弟 恐喝三億円	鈴木則文	〃
137		10月27日	現代任侠史	石井輝男	〃
138	1974年	1月15日	仁義なき戦い 頂上作戦	深作欣二	〃

139		2月16日	学生やくざ	清水彰	〃
140		3月1日	まむしの兄弟 二人合わせて30犯	工藤栄一	〃
141		4月27日	山口組外伝 九州進攻作戦	山下耕作	〃
142		6月29日	仁義なき戦い 完結篇	深作欣二	〃
143		8月31日	極道VSまむし	中島貞夫	〃
144		10月5日	実録飛車角 狼どもの仁義	村山新治	〃
145		10月19日	女番長 玉突き遊び	関本郁夫	〃
146		12月7日	脱獄広島殺人囚	中島貞夫	〃
147		12月21日	ザ・ヤクザ	シドニー・ポラック	ワーナー・ブラザース
148		12月28日	新仁義なき戦い	深作欣二	東映京都
149	1975年	1月15日	日本任侠道 激突篇	山下耕作	〃
150		3月1日	まむしと青大将	中島貞夫	〃
151		4月26日	県警対組織暴力	深作欣二	〃
152		5月24日	日本暴力列島 京阪神殺しの軍団	山下耕作	〃
153		6月7日	暴動島根刑務所	中島貞夫	〃
154		6月21日	資金源強奪	深作欣二	〃
155		12月6日	強盗放火殺人囚	山下耕作	〃
156	1976年	1月31日	実録外伝 大阪電撃作戦	中島貞夫	〃
157		10月1日	バカ政ホラ政トッパ政	中島貞夫	〃
158	1977年	1月22日	やくざ戦争 日本の首領	中島貞夫	〃
159		2月26日	北陸代理戦争	深作欣二	〃
160		2月26日	ピラニア軍団 ダボシャツの天	山下耕作	〃
161		4月8日	女獄門帖 引き裂かれた尼僧	牧口雄二	〃
162		8月27日	仁義と抗争	松尾昭典	〃

163	1978年	9月9日	日本の首領 完結篇	中島貞夫	〃
164	1979年	4月7日	総長の首	中島貞夫	〃
165	1981年	1月15日	青春の門	蔵原惟繕、深作欣二	〃
166	1982年	6月5日	鬼龍院花子の生涯	五社英雄	東映、俳優座映画放送
167		10月30日	制覇	中島貞夫	東映京都
168		11月27日	雪華葬刺し	高林陽一	大映京都
169	1983年	1月29日	人生劇場	深作欣二、佐藤純彌、中島貞夫	東映京都
170		12月17日	唐獅子株式会社	曽根中生	東映東京
171	1984年	9月1日	北の螢	五社英雄	東映、俳優座映画放送
172		11月17日	修羅の群れ	山下耕作	東映京都
173	1985年	1月15日	櫂	五社英雄	〃
174		8月31日	夜叉	降旗康男	グループ・エンカウンター
175		9月14日	二代目はクリスチャン	井筒和幸	角川春樹事務所
176		11月16日	最後の博徒	山下耕作	東映京都
177	1986年	9月20日	十手舞	五社英雄	松竹、五社プロダクション、映像京都
178		10月25日	国士無双	保坂延彦	サンレニティ
179		11月15日	極道の妻たち	五社英雄	東映京都
180	1987年	1月15日	夜汽車	山下耕作	〃

181		6月6日	必殺4 恨みはらします	深作欣二	松竹・朝日放送
182		7月4日	恐怖のヤッちゃん	金子修介	東映、サンダンス・カンパニー
183		10月3日	極道の妻たちII	土橋亨	東映京都
184	1988年	4月9日	肉体の門	五社英雄	〃
185		11月19日	姐御	鷹森立一	〃
186	1989年	4月8日	極道の妻たち 三代目姐	降旗康男	〃
187		9月9日	悲しきヒットマン	一倉治雄	〃
188	1990年	6月2日	極道の妻たち 最後の戦い	山下耕作	〃
189		9月15日	激動の1750日	中島貞夫	〃
190	1991年	2月9日	陽炎	五社英雄	松竹、バンダイビジュアル
191		6月15日	新・極道の妻たち	中島貞夫	東映京都
192		11月9日	極道戦争 武闘派	中島貞夫	〃
193		11月23日	風、スローダウン	島田紳助	吉本興業、テレビ大阪、日映エージェンシー、ディレクターズ・カンパニー
194	1992年	5月30日	寒椿	降旗康男	東映京都
195		8月29日	継承盃	大森一樹	〃
196	1993年	1月30日	新・極道の妻たち 覚悟しいや	山下耕作	〃
197		6月12日	民暴の帝王	和泉聖治	〃

198	1994年	1月15日	新・極道の妻たち 惚れたら地獄	降旗康男	〃
199	1995年	7月21日	江戸むらさき特急	山城新伍	アミューズビデオ
200		8月23日	尼僧獄門帖	津島勝	キングレコード
201		9月9日	極道の妻たち 赫い絆	関本郁夫	東映京都
202	1996年	2月10日	陽炎2	橋本以蔵	松竹、バンダイビジュアル
203		4月12日	仁義なき野望	三池崇史	東映ビデオ
204		6月1日	極道の妻たち 危険な賭け	中島貞夫	東映京都
205		8月9日	女郎蜘蛛	牧口雄二	東映ビデオ
206	1997年	3月29日	陽炎3	吉田啓一郎	衛星劇場、映像京都
207		11月8日	現代任侠伝	降旗康男	東映京都
208		11月21日	日本暴力地帯	村上和彦	グランプリエクセレント、ミュージアム
209	1998年	1月17日	極道の妻たち 決着	中島貞夫	東映京都
210		2月7日	陽炎4	井上昭	松竹
211		3月21日	日本暴力地帯2	石原興	ミュージアム
212		4月10日	仁義なき野望3 狼	松尾正武	東映ビデオ
213		8月21日	日本暴力地帯3	石原興	ミュージアム
214		10月25日	日本暴力地帯4 美しき野望	石原興	〃

215	1999年	2月13日	残侠 ZANKYO	関本郁夫	東映京都、映画「残侠」上映実行委員会
216		3月6日	極道の妻たち 赤い殺意	関本郁夫	東映ビデオ
217	2000年	2月19日	GEDO 外道	ダレン・スー	プリーズ・フィルム、サイモン・ツェー・プロダクション
218		7月22日	極道の妻たち リベンジ	関本郁夫	TBS、東映ビデオ、高田事務所
219	2003年	2月15日	新・仁義なき戦い／謀殺	橋本一	東映京都、「新・仁義なき戦い／謀殺」製作委員会

主なテレビドラマ担当作品

「遠山の金さん」シリーズ（NET／テレビ朝日版、1970～2007年）

『遠山の金さん捕物帳』（中村梅之助主演、1970～73年、NET）

『ご存知遠山の金さん』（市川段四郎主演、1973～74年、NET）

『ご存じ金さん捕物帳』（橋幸夫主演、1974～75年、NET）

『遠山の金さん』（杉良太郎主演、1975～77年、1979年、NETのちにテレビ朝日）

『遠山の金さん』（高橋英樹主演、1982～86年、テレビ朝日）

『名奉行 遠山の金さん』（松方弘樹主演、1988～96年、テレビ朝日）、『遠山の金さんVS女ねずみ』（松方弘樹主演、1997年、テレビ朝日）、『金さんVS女ねずみ』（松方弘樹主演、1998年、テレビ朝日）

『遠山の金さん』（松平健主演、2007年、テレビ朝日）

『徳川おんな絵巻』第3回「いれずみ美女」、第4回「炎の肌」（1970年、関西テレビ）

『紅つばめお雪』（1970年、NET）

「江戸を斬る」シリーズ（第2～8部、1975～94年、TBS）
『江戸を斬る』第2～6部（西郷輝彦主演、1975～77、79～81年、TBS）
『江戸を斬る』第7～8部（里見浩太朗主演、1987年、1994年、TBS）
スペシャルドラマ『傘次郎・新子捕物日記 夫婦河童』（1981年、フジテレビ）
スペシャルドラマ『傘次郎・新子捕物日記 夫婦十手』（1982年、フジテレビ）
『付き馬屋おえん事件帳』第2シリーズ最終話「吉原を潰せ！」（1993年、テレビ東京）
スペシャルドラマ『幽婚』（1998年、CBC）
スペシャルドラマ『鬼龍院花子の生涯』（2010年、テレビ朝日）

山本芳美（やまもと・よしみ）

都留文科大学教養学部比較文化学科教授。政治学修士、学術博士（論文）。専門は文化人類学。跡見学園女子大学文化学科卒業後、明治大学大学院政治経済学研究科博士前期課程修了、昭和女子大学大学院生活機構研究科生活機構学専攻博士後期課程単位取得退学。台湾・中央研究院民族学研究所に訪問学員として留学後、都留文科大学専任講師、准教授を経て、現職。1990年代より日本社会と刺青の関係を研究している。化粧文化研究者ネットワーク世話人。刺青に関する著書に『イレズミの世界』（河出書房新社、2005年）、『イレズミと日本人』（平凡社新書、2016年）。共著に『コスプレする社会――サブカルチャーの身体文化』（せりか書房、2009年）、『イレズミと法――大阪タトゥー裁判から考える』（尚学社、2020年）、『身体を彫る、世界を印す――イレズミ・タトゥーの人類学』（春風社、2022年）ほか。職人仕事に関しては、稲川實との共著として『靴づくりの文化史――日本の靴と職人』（現代書館、2011年）がある。

原田麻衣（はらだ・まい）

京都大学大学院人間・環境学研究科博士後期課程。専門は映画史、映画研究（フランス映画）で、主にフランソワ・トリュフォー作品に関する研究をおこなっている。主要論文に「物語る「私たち」――フランソワ・トリュフォー『あこがれ』（1957）における文学作品の映画的変換」（『映像学』第108号、2022年）。2021年1月より東映太秦映画村・映画図書室の学芸員として、資料収集、保存、研究に取り組む。

刺青《いれずみ》絵師《えし》 毛利清二《もうりせいじ》
——刺青《いれずみ》部屋《べや》から覗《のぞ》いた日本映画秘史《にほんえいがひし》

2025 年 3 月 10 日　第 1 刷印刷
2025 年 3 月 30 日　第 1 刷発行

著　者　　山本芳美＋原田麻衣

発行者　　清水一人
発行所　　青土社
〒 101-0051　東京都千代田区神田神保町 1-29　市瀬ビル
電話　03-3291-9831（編集）　03-3294-7829（営業）
振替　00190-7-192955

印刷・製本　双文社印刷
組　版　　フレックスアート
装　丁　　重実生哉
カバー装画：役者に刺青を描く毛利清二　© 東映太秦映画村
表紙装画　：毛利による刺青絵

　ISBN978-4-7917-7691-7　Printed in Japan